Gruß aus der Küche

Moin, Leute!

HEUTE MÖCHTE ICH EUCH MAL NEUE SEITEN von mir zeigen: In letzter Zeit habe ich mich nämlich vermehrt mit dem Thema Ernährung auseinandergesetzt und baue da ganz langsam immer mehr Wissen auf. Weil ich das interessant und lohnenswert finde, möchte ich Euch auch gern dafür begeistern und Euch auf meinem eigenen Weg ein Stück mitnehmen. Dabei bleibe ich natürlich Tim, wie Ihr ihn kennt: So wie ich als Fernsehkoch eine einfache Küchensprache für mich entwickelt habe, will ich jetzt auch Ernährungswissen entmystifizieren. Und zwar ohne auch nur im Ansatz dogmatisch zu sein – mich hat einseitige Argumentation nämlich auch noch nie zum Umdenken motiviert. Deshalb soll jeder selbst entscheiden, was er mit den druckfrischen Informationen anfangen möchte.

Oder ist so ein Magazin gar nicht mehr druckfrisch, wenn es erst mal im Laden liegt? Ich weiß es nicht, aber vielleicht ist das ja wie bei den Lebensmitteln – da kann schließlich auch niemand genau sagen, was Frische eigentlich bedeutet. Wusstet Ihr zum Beispiel, dass die frischeste Milch überhaupt, die unbehandelt direkt von der Kuh kommt, als einzige Milch in Deutschland nicht

Frischmilch heißen darf? Das ist schon sehr skurril. Vor allem, weil ansonsten fast alle Produkte, die es im Supermarkt zu kaufen gibt, „frisch“ heißen dürfen. Das habe ich bei den Dreharbeiten für die verschiedenen TV-Dokumentationen gelernt, die mich bei meinen jüngsten Erfahrungen begleitet haben. Ich habe mir jedenfalls erst mal meine eigene Definition für Frische überlegt und erzähle Euch auf den folgenden Seiten gern, woran Ihr wirklich frische Lebensmittel erkennen könnt. Außerdem erwarten Euch unter anderem eine Warenkunde für die wichtigsten Fleischsorten, ein Einkaufsratgeber für Fisch und ganz viele wissenswerte Fakten über Essen und Ernährung.

UND NATÜRLICH GIBT'S AUCH REZEPTE zum Nachkochen! Lauter leckere Gerichte, die in den meisten Fällen wirklich wenig Zeit und Geld kosten. Denn auch das sage ich ja immer wieder: Kochen muss keine Kunst sein! Wichtig ist nur, dass man's macht, ganz einfach. Und am größten ist der Spaß wahrscheinlich beim gemeinsamen Grillen: Da ist keiner im Stress, die Menüabfolge interessiert niemanden, man darf mit den Fingern essen – dazu ein kühles Bier oder einen Wein –, besser geht's doch nicht! Darum habe ich mir für Euch wunderbare neue Grillrezepte für Fleisch, Fisch

„Eigentlich will ich die Leute nur zum Kochen überreden, mehr nicht.“

und Gemüse ausgedacht und auch gleich noch ein paar passende Salat-Ideen und Dips – das kann garantiert jeder nachmachen. Genau wie die übrigen Rezepte von meinen Freunden: ob simple Basics aus Kartoffeln, Nudeln und Tomaten oder schnelle Fischgerichte. Und als Extra-Service für Familien gibt's einen kompletten Wochen-Speiseplan mit Zutaten für nur rund 100 Euro sowie Rezepte für Kinder. Die können nämlich auch schon eine Gurke von einer Zucchini unterscheiden, wenn man sie lässt. Ihr kennt ja meinen Spruch: Wer jemanden nur mit Dosenfutter satt machen will, sollte sich lieber einen Hund anschaffen.
Denn Nahrung ist unser Treibstoff, dessen sollten wir uns immer bewusst sein. Weil wir aber nun mal in einer Gesellschaft leben, die das Kochen zum großen Teil verlernt hat, würde es mich freuen, wenn Euch dieses Magazin ein bisschen bei einer neuen Orientierung helfen kann. Doch nun genug von mir, jetzt seid Ihr dran: Ran an den Herd, frisch ans Werk und einfach ausprobieren! Dann erweitert sich das Wissen ganz von selbst.

Viel Spaß beim Lesen und Kochen, Euer

INHALT

MEINE TIPPS FÜR DEN FRISCHEN EINKAUF

Kaum etwas überzeugt uns beim Kauf von Lebensmitteln so sehr wie Frische. Das Problem: „Dieses Wort wird oft benutzt", weiß Tim Mälzer, „etwas kann ‚frisch verpackt' sein, ‚frisch bearbeitet', ‚frisch gekocht', ‚frisch geerntet'. Der Begriff ist nicht geschützt." Dass die Industrie mit dieser Bezeichnung großzügig umgeht, hat auch Drehbuchautor Tom Ockers bei der Arbeit an der Dokumentation „Deutschland isst ... mit Tim Mälzer: Alles frisch?" festgestellt. Besonders verwundert war er über die Fertigpizza „frisch aus dem Ofen": „Hier soll der Eindruck vermittelt werden, es handele sich um frische Zutaten, doch in Wirklichkeit bezieht sich das Wort auf die Zubereitung", sagt er. „Wenn ich die Pizza in den Ofen schiebe und wieder heraushole, habe ich sie frisch gebacken. Das ist ein oft benutzter Trick, der unangreifbar ist." Denn weil unsere Lebensmittel so verschieden sind, ist eine allgemeine Frischedefinition unmöglich. Hier verrät Tim Mälzer, woran wir uns trotzdem orientieren können, um wirklich frische Waren zu kaufen.

Vertrauen Sie ihren Sinnen

Beim Einkauf hat jeder Mensch drei äußerst zuverlässige Berater: den Sehsinn, den Tastsinn und den Geruchssinn. Wir trauen ihnen nur zu wenig, findet Tim Mälzer: „Jeder kann Blumen kaufen – ihr seht einen Strauß, schön knackig, mit voller Blüte, die Blätter nicht angewellt, das nehmt ihr. Aber beim Gemüse tut ihr euch schwer." Welche Tomate ist richtig lecker, welche Möhre hat Biss, welche Kräuter sind frisch? Dabei funktioniert das genau wie bei den Blumen: „Wenn etwas welk ist, kaufe ich es nicht, wenn es hingegen prall ist, knackig und opulent angeboten wird, dann schon", so Mälzer. „Damit ist man schon mal zu 75 Prozent gut beraten. Und die anderen 25 Prozent muss man nicht ständig in Frage stellen, sondern sich einfach öfter mal auf sein Bauchgefühl verlassen!"
Und das gilt nicht nur für die Optik, sondern auch für den Geruch, sagt Tim: „Warum soll ich bei einem Fischmann kaufen, bei dem es komisch riecht? Es heißt ja immer, Fisch dürfe nicht nach Fisch riechen, aber wonach denn sonst? Nach Himbeeren, Erdbeeren, Aprikosen? Nee, Fisch muss nach Fisch riechen, aber frisch, nach Meeresbrise, nach Meerwasser." Vorsicht auch bei Fleisch, das säuerlich riecht: Schnell weg damit.
Fleisch darf übrigens, und da hilft zu guter Letzt der Tastsinn, auf keinen Fall schmierig sein. „Schmierig heißt, ich streiche darüber, und es bildet sich ein leichter Film auf der Hand. Den waschen manche Leute ab, aber da sollte man einfach die Finger von lassen", rät Mälzer.

Reibt man an frischen Kräutern, duften sie aromatisch

Auf Saison und Region achten

Bei Gemüse und Obst lohnt es sich, saisonale Produkte im Blick zu haben – nicht sklavisch, aber doch mit einem Auge. Die sind logischerweise nicht nur frischer als importierte Waren, sondern auch noch günstiger: „Wenn Äpfel, Birnen, Pflaumen, Rhabarber oder Kartoffeln Saison haben, gibt es automatisch sehr viel davon. Erzeuger wollen die Massen loswerden und bieten sie günstig an", weiß Tim Mälzer. Ihm gefällt neben dem Preis auch der Geschmack vieler deutscher Lebensmittel. „Ich warte zum Beispiel immer auf die deutsche Spargelsaison, denn Spargel ist eines der besten Gemüse der Welt und schmeckt nirgendwo so gut wie hier." Ein anderes Beispiel: Kartoffeln. „Warum werden zur besten Erntezeit Kartoffeln aus Ägypten angeboten? Bei uns, der großen Kartoffelnation? Das ist doch lächerlich", findet Mälzer.

Wenn es um die Frische geht, sollte man auch unverpackte Lebensmittel den eingeschweißten Produkten vorziehen – ein klassisches Beispiel ist der Salat: „Aus eigener Erfahrung weiß ich, dass abgepackter Salat oft muffig schmeckt", sagt Tim. Kein Wunder: In der Packung schlägt sich Feuchtigkeit nieder, der Inhalt fängt an zu faulen. Ist der Salat sogar schon geschnitten, fehlen ihm nicht nur Frische und Geschmack: „Das Zerkleinern führt bei Gemüse immer zu Vitaminverlust – wenn man also mit seinem Salat auch Nährstoffe aufnehmen will, hat es keinen Sinn, bereits bearbeiteten Salat zu verzehren", so der Koch. Übrigens: Bei der eigenen Verarbeitung Salat lieber rupfen statt schneiden, so bleiben mehr Zellstrukturen erhalten.

Häufig sind Saisonprodukte auch regionale Produkte, die man schon aus persönlichem Interesse vorziehen sollte: „Kürzere Wege verbessern die CO_2-Bilanz, und man fördert den eigenen Wirtschaftskreislauf", so Mälzer. „Wenn ich Geld hier lasse, statt es nach Asien zu bringen, weiß ich, dass das Geld hier irgendwann wieder eingesetzt wird." Und in kleineren Geschäften oder auf dem Markt hat man oft sogar noch direkten Kontakt zum Produzenten – da ist das Einkaufen ein ganz anderes Erlebnis als im Discounter. „Ich gehe gerne zu kleinen Anbietern, zum Gemüsehöker, zum kleinen Fleischer, zum Bäcker, zum Marktstand", sagt Tim, „da werden die Sachen appetitlich präsentiert, man darf mal anfassen und probieren und isst vielleicht auch noch eine Currywurst nebenbei. Das mag dann alles eine Weile dauern, aber mal ganz ehrlich: Im Discounter steht man am Wochenende doch auch stundenlang an."

Regionaler Ware den Vorzug zu geben ist ja schön und gut. Was aber ist mit Mangos, Ananas oder Auberginen? Soll man auf importiertes Obst und Gemüse ganz verzichten? „Das wäre albern", sagt Tim Mälzer. „Wenn wir nur noch regionale Produkte essen dürften, würde uns im Winter alles schnell zum Hals raushängen." Doch auch exotische Waren kann man so auswählen, dass sie wenigstens nicht um die halbe Welt geschippert sind: „Ich freue mich zum Beispiel immer auf die Zeit der Pfirsiche, aber muss ich die aus Afrika kaufen? Bestimmt nicht, solange es welche aus Italien gibt." Denn je kürzer der Transportweg, desto frischer kommt die Ware schließlich hier an – ganz logisch.

Knackige Alternativen finden

Wenn Tim Mälzer von Frische spricht, meint er: „Alle Lebensmittel, die nicht bearbeitet sind.“ Die sind für ihn auch fast immer erste Wahl. „Es gibt nur eine Ausnahme, und das sind tiefgefrorene Erbsen. Die finde ich den frischen ein Stück weit überlegen, weil sie eine zartere Süße haben.“ Und auch in Bezug auf die Inhaltsstoffe hat Tiefkühlgemüse einiges zu bieten. Denn: „Die größten Vitamin- und Nährstoffkiller sind Zeit und Licht. Ein Spinat, der vor zwei Tagen geerntet wurde, sieht auf dem Markt vielleicht noch frisch aus, weil er gut gelagert wurde, aber trotzdem hat er schon viele Vitamine verloren“, so Mälzer. „Ein Spinat hingegen, der direkt auf dem Feld erntefrisch schockgefrostet wurde, enthält im Vergleich noch mehr Nährstoffe. Außerdem ist tiefgekühlter Spinat eine große Arbeitserleichterung – das weiß jeder, der mal mühevoll frischen Spinat geputzt hat und dann beim Kochen zusehen musste, wie er zusammenschrumpft.“ Frisch kaufen und dann selbst einfrieren ist im Hinblick auf die Konsistenz allerdings wenig empfehlenswert: „Spargel zum Beispiel braucht bei mir zwei bis drei Stunden, bis er durchgefroren ist. In der Zeit kristallisiert das Wasser im Spargel, zerbricht seine Struktur, und das Gemüse wird beim Auftauen matschig. Das passiert bei der industriellen Kühlung nicht, weil sie sehr viel schneller geht.“ Und was hält der Fernsehkoch von Konserven? „Ich persönlich kenne kein Dosengemüse, das mir schmeckt – bis auf Dosenmais, den kann man schon mal essen.“

Zum Schlachter an der Ecke gehen

Für Fleisch gilt eine Besonderheit: Frisch geschlachtet, schmeckt es noch nicht. „Rindfleisch zum Beispiel muss nach dem Schlachtvorgang mindestens 18 Tage abhängen, damit es schön mürbe und locker wird", erklärt Tim Mälzer. „Mein Schlachter lässt Rinderfilet sogar fast 40 Tage reifen, bis es eine trockene, leicht schwärzliche Haut hat. Das sieht sicher nicht so gut aus wie ein leuchtend rotes Stück, aber wenn man den Rand abschneidet, hat man garantiert den größeren Genuss auf dem Teller. Zu frisches Fleisch ist nämlich zäh wie hulle." Überraschenderweise ist gerade abgepacktes Fleisch häufig zu frisch: „Weil die Lagerzeiten möglichst kurz sein sollen, wird es oft schon nach acht Tagen portioniert und unter Schutzgasatmosphäre eingepackt", so Mälzer. „Das Gas soll das Fleisch rot halten und nachreifen lassen, aber das klappt selten." Schweine- und Hühnerfleisch reift zwar nicht ganz so lange, dennoch lautet Tims Fazit: „Ich rate allen ab, fertig abgepacktes Fleisch zu kaufen, weil es in meinen Augen qualitativ deutlich minderwertig ist." Für alle, die trotzdem gelegentlich darauf zurückgreifen möchten, hat Doku-Autor Tom Ockers kleine Frischetipps: „Wenn sich unten in der Packung Wasser sammelt, hat das Produkt nichts mehr mit Frische zu tun. Auch Einwölbungen und leichte Dellen im Plastikdeckel sind ein schlechtes Zeichen."

Cool bleiben am Kühlregal

Der größte Irrsinn in Sachen Frische lauert im Kühlregal, verrät Tom Ockers: „Die einzige Milch, die völlig unbehandelt und wirklich frisch ist, heißt per Gesetz nicht Frischmilch, sondern Vorzugsmilch." Die kommt direkt aus dem Euter, darf aber nur noch von etwa 50 Betrieben in ganz Deutschland vertrieben werden. Jede andere Milch ist pasteurisiert, also industriell behandelt – und wird trotzdem regulär als frische Milch verkauft.

Seit einiger Zeit ist ein großer Teil dieser Frischmilch durch spezielle Behandlung sogar zur ESL-Milch geworden, das steht für „extended shelf life" und bedeutet, dass die Milch ungeöffnet länger haltbar ist. Fast jede Milch im Kühlregal trägt mittlerweile diesen Zusatz. „Gegen ESL-Milch ist auch nichts einzuwenden", findet Tim Mälzer, „außer dass sie durch die undeutliche Kennzeichnung auf den Markt gemogelt wurde. Aber von den Inhaltsstoffen her ist sie der normalen Vollmilch gleichzusetzen, da entscheidet letztlich der persönliche Geschmack." Mälzer selbst mag am liebsten die normale, frische Vollmilch, 3,5 Prozent Fett, eiskalt. Wer die heute kaufen will, findet sie übrigens, in Abgrenzung zur ESL-Milch, immer öfter unter der Bezeichnung „traditionell hergestellt". „Ein furchtbares Sprachgewirr", meint Tom Ockers, „da blickt doch keiner mehr durch. Und die traurige Folge ist, dass man am Ende irgendeine Milch kauft, die im Regal steht und ein bisschen nett aussieht." Zum Glück wissen wir jetzt, worauf zu achten ist.

Ach, und wo wir gerade schon beim Kühlregal sind, verrät Tim Mälzer uns auch noch, woran man ein frisches Ei erkennen kann: „Einfach das Ei ganz nah am Ohr schütteln. Wenn es dann Klatschgeräusche macht, ist das ein Zeichen, dass es alt ist. Mit der Zeit bildet sich nämlich eine Luftblase im Ei – und die wird größer, je älter es ist." Ein nützlicher Test, schließlich dürfen Eier bis zu neun Tage nach dem Legedatum noch als „extra frisch" verkauft werden.

Frisch durchs Jahr

Gemüse und Obst schmecken am besten, wenn sie möglichst direkt vom Feld kommen. Die große Übersicht zeigt, welche Lebensmittel wann geerntet werden. Übrigens: Auch bei importierten Früchten lohnt sich ein Blick auf den Kalender

Der Obstkalender

Im Sommerhalbjahr ist das heimische Angebot groß – in den übrigen Monaten kann man zu Saisonobst aus Südeuropa greifen

November

In Deutschland ist nun die Zeit der frischen Obsternte vorbei – dafür gibt es von August bis Dezember **Granatäpfel** aus Spanien und der Türkei. Hier sowie in Italien wird von Oktober bis Dezember außerdem die **Kaki** angebaut, eine Frucht, die ursprünglich in Asien beheimatet war.

Dezember

Im Spätherbst und Winter kommen die **Mandarinen** und **Clementinen** zu uns, die nächstgelegene Anbauregion ist der Mittelmeerraum, z. B. Spanien, Italien oder Kroatien.

Januar

Zeit für Zitrusfrüchte: **Orangen** bzw. **Apfelsinen** werden jetzt bis etwa April in Südeuropa gepflückt. Frische **Grapefruits** aus Spanien gibt es bis März als Importware.

Oktober

Zwischen September und November gibt es bei uns die gelben **Quitten,** außerdem sind jetzt endlich die **Weintrauben** reif, sowohl die grünen als auch die blauen Sorten. Und man kann ab sofort **Hagebutten** genießen, dabei gilt jedoch: Je später man sie pflückt, desto süßer sind sie. In Italien wird von Juli bis November die **Kaktusfeige** geerntet.

September

Nachdem es bereits erste Frühsorten gab, startet im September die Haupt-**Apfelernte** mit beliebten Sorten wie Elstar und Jonagold. Auch die **Birne** hat vor allem im September und Oktober Saison. Ebenfalls bis in den Oktober hinein sind Blasenkirschen erhältlich, auch als **Physalis** bekannt.

August

Der August ist die beste Zeit für frische **Brombeeren,** auch gibt es bis in den September **Zwetschgen** mit ihrem grünlich-gelben Fruchtfleisch sowie die rundlicheren **Pflaumen.** Letztere bringen auch gleich zwei süße Verwandte mit: die **Mirabellen** und die kugelförmigen **Renekloden.**

Juli

Der Juli ist Hauptzeit der Beeren: Jetzt sind **Johannisbeeren** reif, genau wie **Himbeeren** und **Heidelbeeren.** In den wärmeren Gebieten Deutschlands, wie etwa an der Mosel, werden von Juli bis September außerdem **Pfirsiche** gepflückt. Hier reifen ebenfalls im Juli **Aprikosen** an den Bäumen.

„Muss ich wirklich Pfirsiche aus Afrika kaufen? Ich glaube nicht.“

Tim Mälzer

Februar

Obst ist im Handel nun Mangelware, die meisten Früchte (z. B. Äpfel und Birnen) sind Lagerware oder von anderen Kontinenten importiert. Einen nicht ganz so weiten Weg hat jetzt die **Kiwi** hinter sich: Sie wird im Winterhalbjahr u. a. aus Frankreich, Griechenland und Italien geliefert.

März

Ab März ist bei uns die **Cantaloupe-Melone** aus Italien, Spanien oder Frankreich erhältlich. Diese und andere europäische Länder beliefern uns aber nicht nur mit der süßen Zuckermelone: Zeitgleich kommen von dort auch die **Wassermelonen** in die Geschäfte. Bei uns ist es nach wie vor zu kalt für eine eigene Obsternte.

April

Von April bis September können wir **Avocados** aus den Mittelmeerländern, z. B. aus Spanien, kaufen – sie zählen botanisch zu den Früchten. Geerntet wurden die Avocados schon früher, doch sie müssen bis zum Verzehr noch nachreifen. In Deutschland wird von April bis Juli als erstes heimisches Obst **Rhabarber** aus Freilandanbau geerntet. Er wiederum gilt als Frucht, obwohl er botanisch Gemüse ist.

Juni

Von Juni bis August ergänzen fruchtige **Süßkirschen** das heimische Obstangebot, einen Monat später kommen dann langsam auch die Sauerkirschen dazu. Die genauen Erntezeiten sind abhängig vom Wetter. Aus Italien und Spanien werden zudem auch frische **Feigen** geliefert.

Mai

Im Mai beginnt unsere Beerensaison, die von den **Erdbeeren** eingeläutet wird – bis in den Juli hinein kann man sie in Deutschland ernten. Auch **Stachelbeeren** werden zu dieser Zeit allmählich reif. Es gibt sie in Gelb, Rot, Grün und Weiß; sämtliche Varianten schmecken säuerlich.

Was wir noch sagen wollen:

Diese Übersicht berücksichtigt in erster Linie die Saisonzeiten deutscher Früchte – Importobst, das zu bestimmten Zeiten auch in Deutschland geerntet wird, ist hier deshalb nicht mitaufgeführt. Die im Winterhalbjahr aufgelisteten Waren aus dem Ausland stammen der Umwelt zuliebe bevorzugt aus Europa. Tropisches Obst wie Bananen oder Ananas, die man das ganze Jahr über kaufen kann, sind nicht extra genannt.

Der Gemüsekalender

Mit Rüben, Knollen und Salaten versorgt uns die Natur das ganze Jahr über reichlich – hier sieht man die Auswahl auf einen Blick

November

Und noch mehr Kohl: Weiter geht's im Jahreslauf mit **Rosenkohl** und **Grünkohl,** der in manchen Regionen auch Winterkohl oder Krauskohl genannt wird. Den **Wirsing** gibt es ebenfalls schon seit längerer Zeit. Für Abwechslung sorgt ab November immerhin noch die altbekannte **Schwarzwurzel,** die bis Anfang April aus heimischem Anbau erhältlich ist.

Dezember

Im November und Dezember gibt es das größte Angebot an frischer **Roter Bete.** Der Rübe werden positive Auswirkungen auf die Gesundheit nachgesagt – sie gilt z. B. als blutdrucksenkend.

Oktober

Kohl, das klassische Wintergemüse, gibt es jetzt in allen Variationen: von **Chinakohl** über **Weißkohl** bis **Rotkohl.** Auch die Haupternte für den **Chicorée** beginnt. Neben all dem Kohl und Salat ist diesen Monat aber auch das größte Angebot an **Möhren** und **Porree** bzw. **Lauch** zu haben.

Was wir noch sagen wollen:

Viele Gemüsesorten sind das ganze Jahr lang erhältlich – darum zeigt diese Übersicht grundsätzlich die deutschen Haupterntezeiten, in denen es jeweils das größte frische Angebot gibt. Konstante Ernten, wie bei den Champignons, wurden nicht berücksichtigt. Auch Gemüse, das zum großen Teil importiert wird, (z. B. Paprika, Auberginen) ist angesichts des vielfältigen übrigen Angebots hierzulande nicht aufgeführt.

September

Jetzt im Herbst ist Zeit für den **Kürbis:** Besonders beliebt ist der Riesenkürbis Hokkaido. Hauptsächlich im September und Oktober wird hierzulande auch der **Knollenfenchel** geerntet, **Zwiebeln** gibt es in diesem Monat ebenfalls reichlich. Beim Salat ist nun die **Endivie** weit vorn.

August

Von Juli bis September ist Hauptsaison für **Zucchini,** auch **Gurken** und **Tomaten** sind jetzt im August günstig zu haben. Zum hochsommerlichen Angebot gehören außerdem **Brokkoli, Stangensellerie** und **grüne Bohnen,** die man auch unter dem Namen Stangenbohnen kennt.

„Bei Spargel warte ich immer auf die deutsche Saison."

Tim Mälzer

Januar

Nach wie vor gibt es jetzt viel Kohl und Salat, besonders für den **Feldsalat** ist die Zeit günstig. Er hat später, im Oktober, noch ein zweites Mal Saison.

Februar

Den **Knollensellerie** kennt man vor allem vom Suppengrün, er hat von Dezember bis Februar Hauptsaison. Für **Pastinaken** ist immerhin noch Nebensaison bis Ende des Monats.

März

Im März ist in Sachen Frischgemüse Saure-Gurken-Zeit: Die üppige Winterernte geht langsam zur Neige, während die frischen Sorten noch nicht reif sind. Wenigstens bei den **Radieschen** können wir aus dem Vollen schöpfen: Von März bis Juni ist die Ausbeute besonders groß. Und die Knollen müssen weg, denn wartet man mit der Ernte zu lange, werden sie holzig.

April

Blattspinat hat zwei Hochphasen im Jahr, zunächst jetzt, im April und Mai, sowie später noch einmal im Oktober. Ab Mitte März oder Anfang April wird auch der nach Knoblauch duftende **Bärlauch** geerntet, gegen Ende des Monats noch die **Gartenkresse** – das wäre vielleicht auch etwas für den eigenen Gemüsegarten.

Juli

Bei uns werden vor allem in Sachsen-Anhalt **Erbsen** angebaut, die im Juli reif sind. Auch **dicke Bohnen** sind erntefrisch. Außerdem ist von Juli bis Oktober Zeit für **Kartoffeln,** frühe Sorten sind sogar schon Anfang Juni dran. Bei den Salaten gibt es jetzt viel **Lollo Rosso** und **Eichblattsalat.**

Juni

Eine der beliebtesten Kohlsorten Europas wird im Juni und Juli in großen Mengen frisch geerntet: der **Blumenkohl.** Erhältlich ist er bis in den November hinein. Die **Lauchzwiebel,** auch Frühlingszwiebel genannt, hat ebenfalls im Juni und Juli ihre beste Zeit, geerntet wird sie bis Oktober.

Mai

Am wichtigsten ist in diesem Monat der **Spargel** – ob weiß, violett oder grün, darauf freut man sich das ganze Jahr. Aber im Mai und Juni gibt's auch frischen **Rettich** sowie **Kohlrabi.** Und: **Spitzkohl** und der fast immer erhältliche **Kopfsalat** haben in dieser Zeit ebenfalls Hauptsaison.

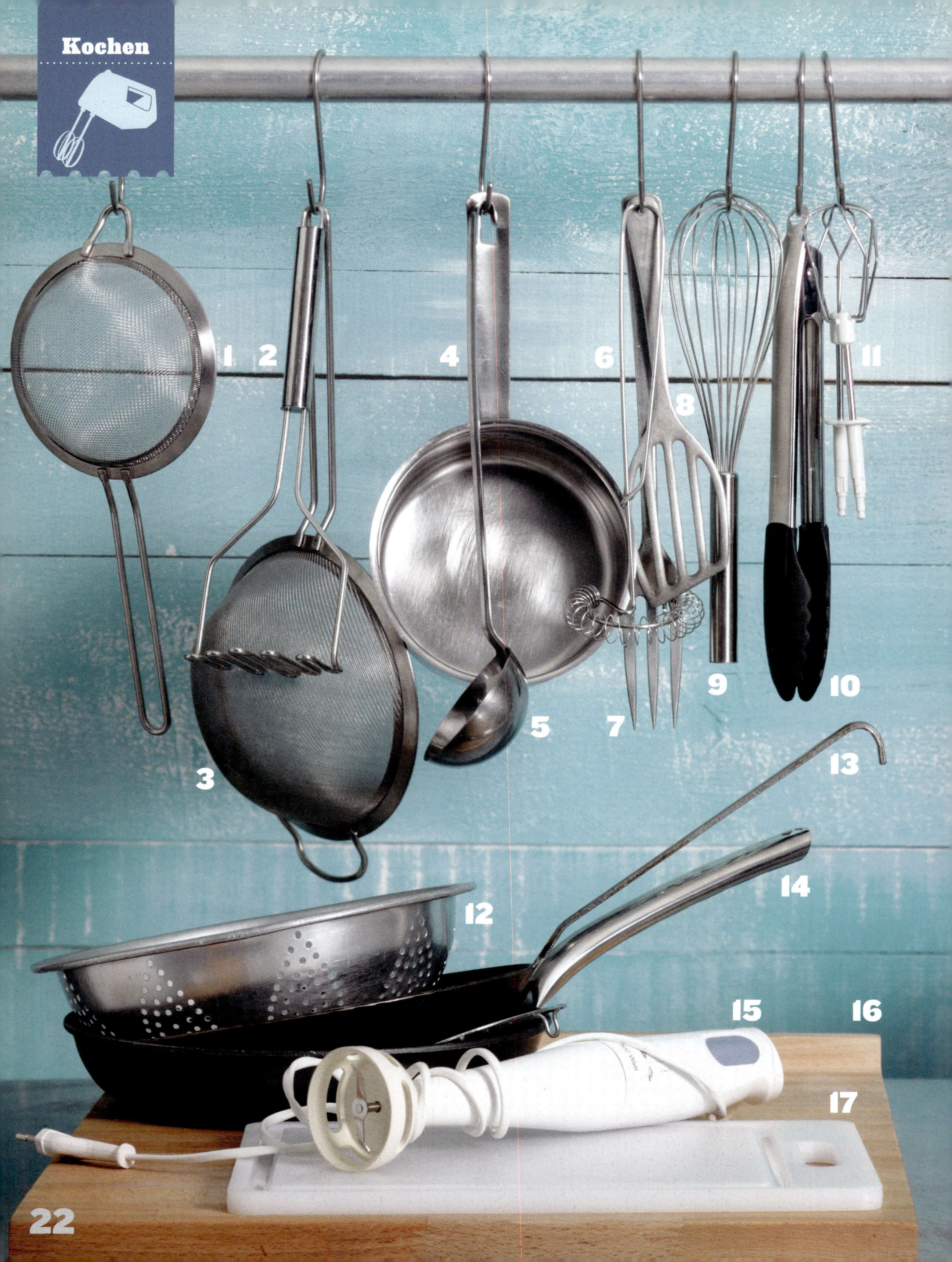
1
2
4
6
11
8
9
10
5
7
3
13
14
12
15
16
17

Küchenkunde: Equipment

Unzählige Geräte sollen uns die Arbeit erleichtern, doch die wirklich wichtigen Helfer zeigen wir hier

1 + 3 | Siebe: Benutzt man zum Abtropfen von Reis oder Nudeln genauso wie zum Blanchieren von Gemüse. Mit kleineren Sieben kann man auch Brühe, Saucen oder Beeren passieren.

2 | Kartoffelstampfer: Gibt es – wie hier – mit stabilem Gitter oder aus gelochtem Blech. Zerquetscht weich gekochte Kartoffeln oder weiteres Gemüse.

4 | Kasserolle: In dem flachen Topf lassen sich gut Saucen zubereiten. Er ist auch nützlich, wenn man Eier kochen oder Milch aufwärmen will.

5 | Suppenkelle: Vermeidet Geklecker beim Umfüllen von Suppe aus Töpfen auf Teller.

6 | Handquirl: Schäumt Milch oder Sahne auf – und braucht nicht einmal Batterien.

7 | Vorlegegabel: Hilft beim Festhalten von Fleisch, das man zerteilen will. Gibt es auch mit nur zwei Zinken.

8 | Pfannenwender: Ist, wie der Name sagt, zum Wenden von Lebensmitteln in der Pfanne. Bei beschichteten Pfannen unbedingt Holzwender nehmen.

9 | Schneebesen: Damit kann man Saucen vermengen oder Eier schaumig aufschlagen.

10 | Grillzange: Ist besser als eine Gabel, weil Fleisch durch das Einstechen Saft verliert.

11 | Rührbesen: Zubehör fürs elektrische Rührgerät, mit dem sich viele luftige Teige leicht zubereiten lassen.

12 | Salatsieb: Zum Waschen von Salaten oder auch Obst, zum Beispiel Erdbeeren.

13 | Gusseisenpfanne: Für Kochprofis stets die erste Wahl, weil sie Wärme besser leitet als andere Pfannen.

14 | Teflonpfanne: Durch die Antihaftbeschichtung ist sie für Anfänger gut geeignet.

15 | Stabmixer: Püriert Obst und Gemüse, eignet sich auch zum Aufschlagen von Eiweiß oder Milchprodukten.

16 | Arbeitsbrett: Es sollte viel Platz bieten, damit man Gemüse und Fleisch darauf großzügig bearbeiten kann.

17 | Obstbrett: Das Extrabrett ist wichtig, weil Früchte sehr leicht Zwiebelgeruch annehmen, der einem Arbeitsbrett oft anhaftet.

18 | Töpfe: Zwei verschiedene Größen müssen sein, damit man sowohl Kartoffeln als auch Pasta kochen kann.

19 | Rührgerät: Die Knethaken kommen bei allen schweren Teigen, wie Hefe- oder Brotteig, zum Einsatz.

20 | Mikrofasertuch: Tims erster Helfer, wenn's ums Saubermachen geht: „So ein Tuch nimmt wirklich alles auf, danach blitzt und blinkt die Küche!"

So einfach ist das!

Grundnahrungsmittel müssen nicht langweilig sein – hier je drei Variationen, die jedem gelingen

Eilige können die Kartoffeln am Vortag kochen und kalt stellen

Kartoffeln

Rund 5000 verschiedene Sorten der Knolle gibt es – und unendlich viele Zubereitungsmöglichkeiten. Eine leckere Auswahl zeigen wir hier

Step I: Mit einer Küchenreibe werden die gekochten Kartoffeln geraspelt

Step II: Die Kartoffelraspel anschließend in der Pfanne festdrücken und rösten

Rösti mit Radieschencreme und Lachs

Für 4 Personen | Zubereitungszeit 60 Min.

1 kg festkochende Kartoffeln
1 Bund Frühlingszwiebeln
Salz, Pfeffer
Butterschmalz zum Braten
250 g Biowildlachs, geräuchert, in Scheiben

Radieschencreme:
200 g Frischkäse
100 g Quark
4 EL Milch
Saft und Schalenabrieb von 1 Biozitrone
5 Stiele Dill
½ Bund Radieschen

1 Die Kartoffeln in reichlich Salzwasser knapp gar kochen. Abgießen, etwas abkühlen lassen, dann pellen und grob raffeln. Frühlingszwiebeln putzen und in feine Ringe schneiden. Unter die Kartoffelraspel mischen, mit Salz und Pfeffer würzen.

2 Butterschmalz in einer beschichteten Pfanne erhitzen und die Kartoffelmasse hineingeben. Mit dem Löffelrücken oder einem Pfannenwender festdrücken. Die Rösti bei mittlerer Hitze ca. 10 Minuten rösten, dann vorsichtig wenden: dafür die Rösti auf einen flachen Teller gleiten lassen, mit einem zweiten Teller die Rösti wenden und wieder in die Pfanne gleiten lassen. Noch 5-10 Minuten zu Ende garen lassen.

3 In der Zwischenzeit Frischkäse mit Quark und Milch glatt rühren. Zitronensaft und -schale zugeben, mit Salz und Pfeffer würzen, eventuell etwas Zucker zugeben, falls die Creme zu säuerlich erscheint. Dillfähnchen von den Stielen zupfen, grob hacken und unterrühren.

4 Radieschen waschen, trocknen, putzen und in Scheiben oder Stücke schneiden. Zum Schluss unter die Creme heben.

5 Lachsscheiben in Streifen schneiden und zusammen mit der Radieschencreme zu der Rösti servieren.

Es geht auch ganz ohne Mayonnaise: Dieser Kartoffelsalat schmeckt nach Süden

Knusprige Bratkartoffeln

Für 4 Personen | Zubereitungszeit 75 Min.

1 kg festkochende Kartoffeln
Salz
2 Zwiebeln
½ Bund Brunnenkresse
1 feste Birne
3 EL Olivenöl
2 EL Zucker
Saft von ½ Zitrone
2 EL Butterschmalz zum Braten
125 g gewürfelter Speck
Fleur de Sel, Pfeffer
150 g Schafskäse (Feta)

1 Kartoffeln in reichlich Salzwasser knapp gar kochen, abgießen, etwas abkühlen lassen und pellen. Vollständig erkalten lassen (am besten über Nacht).

2 Am nächsten Tag Zwiebeln schälen und in Ringe schneiden. Birne waschen, vierteln, entkernen, in Spalten schneiden. Brunnenkresse waschen, trocknen, Blätter abzupfen.

3 Olivenöl in einer weiten Pfanne erhitzen, Zwiebeln und Birnen darin kräftig anbraten, mit Zucker bestreuen und goldbraun karamellisieren. Mit Zitronensaft ablöschen und auf einen Teller geben. Beiseitestellen.

4 Butterschmalz in der Pfanne erhitzen, Kartoffeln in breite Scheiben schneiden und portionsweise im heißen Fett knusprig braun braten. Mit Fleur de Sel und Pfeffer würzen. Dann die Speckwürfel zugeben und mitbraten. Zum Schluss Zwiebeln, Birnen und Brunnenkresse unterheben. Nochmals abschmecken und auf Teller verteilen. Mit grob zerbröseltem Schafskäse bestreuen und servieren.

Mediterraner Kartoffelsalat

Für 4 Personen | Zubereitungszeit 60 Min.

1 kg festkochende Kartoffeln
Salz, Pfeffer
1 Glas schwarze Oliven, ohne Stein
150 g Kapernäpfel
300 g Cherrytomaten
1 Bund Rucola
½ Bund Oregano
½ EL Senf
1 EL Honig
Saft und Schalenabrieb von 2 Biozitronen
8 EL Olivenöl

1 Kartoffeln in reichlich Salzwasser gar kochen, abgießen, etwas abkühlen lassen und pellen. Vollständig erkalten lassen, dann längs vierteln und in Scheiben schneiden.

2 Oliven und Kapernäpfel in einem Sieb abtropfen lassen, Stiele von den Kapernäpfeln entfernen.

3 Cherrytomaten waschen und halbieren. Rucola waschen, trocknen und die langen Stiele abschneiden. Nach Belieben grob zerteilen. Oregano waschen, trocknen, Blättchen von den Stielen zupfen. Alle Zutaten in einer großen Schüssel mischen und kräftig mit Salz und Pfeffer würzen.

4 Für das Dressing Senf und Honig in einer kleinen Schüssel glatt rühren, dabei nach und nach den Zitronensaft und 2-3 EL Wasser zugeben. Olivenöl mit einem Schneebesen unterrühren, sodass eine cremige und homogene Sauce entsteht. Zitronenschale einrühren und das Dressing unter den Salat ziehen.

So befördert man Bratkartoffeln von der Beilage zum Hauptgericht

Eier/Milch

Dieses wandelbare Duo zaubert im Handumdrehen sowohl süße als auch herzhafte Speisen auf unsere Teller. Einfacher geht's wirklich nicht!

Arme Ritter mit gebratenen Apfelspalten

Seit Jahren bewährt: Arme Ritter finden sich schon im sogenannten Würzburger Kochbuch aus dem 14. Jahrhundert – Rezept siehe nächste Seite

Step I: Erst Butter und Gewürze auf dem Herd erwärmen, dann alles ziehen lassen und währenddessen die Äpfel in Spalten schneiden

Step II: Rosinenstuten in Scheiben schneiden, Eiersahne zubereiten, die Scheiben eintunken und in heißem Butterschmalz braten

Arme Ritter und gebratene Apfelspalten in Gewürzbutter

Für 4 Personen | Zubereitungszeit 30 Min.

8 Scheiben Rosinenstuten
3 Eier
100 ml Sahne
6 EL Zucker
1 Prise Salz
1 Vanilleschote (Mark)
4 EL Butterschmalz zum Braten

Äpfel in Gewürzbutter:
2 feste, säuerliche Äpfel
100 g Butter
1 Zimtstange zum Mitbraten
1 Sternanis zum Mitbraten
1 Vanilleschote, ausgekratzt, zum Mitbraten
2–3 EL Zucker

1 Für die gebratenen Apfelspalten die Butter zusammen mit den Gewürzen in einem kleinen Topf schmelzen und aufschäumen lassen. Beiseitestellen und etwas ziehen lassen.

2 Die Äpfel waschen, nach Belieben schälen, vierteln, entkernen und jedes Viertel in 2-3 Spalten schneiden.

3 In einer flachen Schüssel die Eier mit Sahne, 2 EL Zucker, Vanillemark und einer Prise Salz verquirlen. Die Brotscheiben nacheinander in die Eiersahne tauchen, herausnehmen, kurz über der Schüssel abtropfen lassen und dann in einer heißen Pfanne mit Butterschmalz von beiden Seiten 1-2 Minuten goldbraun braten. Herausnehmen und mit dem restlichen Zucker bestreuen.

4 Etwas Gewürzbutter mit einer kleinen Kelle in eine weitere Pfanne geben, erhitzen und die Apfelspalten darin von beiden Seiten 5 Minuten goldbraun und weich braten. Mit Zucker bestreuen, karamellisieren lassen und zu den armen Rittern servieren.

Omelette auf Italienisch: Frittata mit Fenchel und pikanter Wurst

Fenchel-Frittata

Für 4 Personen | Zubereitungszeit 30 Min.

1 Fenchel (mit Grün)
100 g Salsiccia piccante
2 EL Olivenöl
8 Eier
4 EL Milch
Salz, Pfeffer
1 rote Chili
50 g Provolone, geräuchert

1 Den Ofen auf 180 °C (Umluft: 160 °C) vorheizen.

2 Fenchel waschen, putzen, das Grün beiseitelegen und die Knolle in dünne Scheiben schneiden. Salsiccia in 2 cm dicke Stücke schneiden.

3 Olivenöl in einer großen, ofenfesten Pfanne erhitzen und den Fenchel darin unter Wenden 3-4 Minuten anbraten (vorgaren). Dann die Wurstscheiben zugeben und ebenfalls anbraten.

4 Eier und Milch in einer Schüssel verrühren, mit Salz und Pfeffer würzen.

5 Chilischote waschen, putzen, längs halbieren, entkernen und fein hacken. Unter die Eier rühren und die Masse über den Fenchel und die Wurst in die Pfanne gießen. Die Pfanne zum Garen für 10 Minuten in den Ofen stellen, bis die Eimasse gestockt ist.

6 Den Käse grob reiben oder in Späne hobeln.

7 Die Frittata aus dem Ofen nehmen, mit Käse und Fenchelgrün bestreuen und warm oder kalt servieren.

Dazu passt ein frischer grüner Salat.

Kirsch-Clafoutis mit Muskat und Vanillesauce

Für 4 Personen | Zubereitungszeit 60 Min. inkl. Backzeit

6 Eier
50 g Zucker
1 Prise Salz
½ TL frisch geriebene Muskatnuss
300 ml Milch
200 ml Sahne
2 EL Mehl
4 EL gemahlene Mandeln
1 EL Butter für die Form
1 großes Glas Kirschen (700 g)
2 EL Puderzucker

Vanillesauce:
150 ml Milch
150 ml Sahne
1 Vanilleschote
2 Eigelbe
1 EL Speisestärke
2 EL Zucker
150 ml Milch

1 Für den Clafoutis die Eier mit Zucker, Salz, Muskat, Milch und Sahne in einer Schüssel verquirlen. Mehl und Mandeln einrühren, eventuell mit dem Pürierstab mehrmals durch den Teig ziehen, damit keine Klumpen zurückbleiben.

2 Die Kirschen in einem Sieb abgießen und abtropfen lassen.

3 Die Auflaufform mit der Butter einfetten und den Teig hineingießen. Die abgetropften Kirschen gleichmäßig darauf verteilen und den Clafoutis im vorgeheizten Ofen bei 180 °C (Umluft: 160 °C) ca. 45-50 Minuten auf mittlerer Schiene backen, bis er goldbraun und gestockt ist.

4 In der Zwischenzeit für die Vanillesauce Milch und Sahne in einem Topf aufkochen. Vanilleschote längs halbieren, das Mark mit einem spitzen Messer herauskratzen und zusammen mit der Schote in der Milch-Sahne-Mischung kurz kochen.

5 Eigelbe, Stärke, Zucker und restliche Milch in einer kleinen Schüssel verquirlen, in die kochende Vanillemilch gießen und unter Rühren abbinden. Beiseitestellen und abkühlen lassen.

6 Den Clafoutis aus dem Ofen nehmen und mit Puderzucker bestäuben. Warm mit der frischen Vanillesauce servieren.

Auflauf auf Französisch: Clafoutis mit Kirschen

Hack

Alle lieben es, denn gehacktes Fleisch ist herrlich unkompliziert und schnell fertig. Tipp: Ruhig kräftig mit Gewürzen experimentieren, Hack verträgt das

Türkische Pizza nennt man auch Lahmacun

I

II

III

Step I: Während der Teig noch geht, vermischt man das Hackfleisch mit Gemüse und Gewürzen und knetet alles gründlich durch

Step II: Dann die Fleischmasse auf dem fertigen, ausgerollten Teig verteilen und ausbacken

Step III: Zum Schluss die Hackfleischpizza mit Gurken-Minzjoghurt, Eisbergsalat und Tomaten belegen und einrollen

Türkische Pizza mit Salat und Gurken-Minz-Joghurt

Für 4 Personen | Zubereitungszeit 45 Min. plus 1 Std. für den Teig

400 g Mehl
10 g frische Hefe
1 TL Salz
200 ml Wasser
2 EL Olivenöl
1 rote Peperoni
1 Zwiebel
2 Knoblauchzehen
½ Bund Petersilie
250 g Lammhack
2 EL Tomatenmark
1 TL Kreuzkümmel (gemahlen)
2 TL Paprikapulver
Pfeffer
½ Kopf Eisbergsalat
4 Tomaten
500 g türkischer Sahnejoghurt
Saft und Schalenabrieb von 1 Biozitrone
1 TL Zucker
1 Gurke, in dünnen Scheiben
½ Bund Minze
½ Bund Dill

1 Mehl, klein gebröckelte Hefe, Salz und 200 ml lauwarmes Wasser verrühren und kräftig zu einem glatten Teig kneten. Abgedeckt an einem warmen Ort ca. 1 Stunde gehen lassen. Backofen auf 200 °C vorheizen (Umluft: 180 °C) und zwei Backbleche dünn mit Olivenöl bestreichen.

2 Peperoni, Zwiebeln, Knoblauch und Petersilie fein hacken und alles mit dem Hackfleisch und Tomatenmark vermischen. Mit Kreuzkümmel, Paprikapulver, Salz und Pfeffer würzen und einige Tropfen Olivenöl dazugeben. Alles gut kneten.

3 Aus dem Teig 8 kleine Bällchen formen, jedes Bällchen sehr dünn ausrollen und mit 1-2 EL der Fleischmasse bestreichen. Je 4 Teigfladen auf ein Backblech legen und knapp 10 Minuten backen, bis sich der Rand goldbraun färbt.

4 Für den Belag den Eisbergsalat waschen, trocknen und in kleine Stücke rupfen. Tomaten waschen, vierteln, das Innere entfernen und das Fruchtfleisch würfeln.

5 Sahnejoghurt mit Zitronensaft und -schale, Zucker, Salz und Pfeffer verrühren.

6 Gurke waschen, längs halbieren, Kerne mit einem Löffel herausschaben, das Fruchtfleisch in Scheiben schneiden. Dill und Minze grob hacken und alles unter den Joghurt rühren.

7 Die selbst gemachte türkische Pizza mit geschnittenem Salat, Tomatenwürfeln und Gurken-Minzjoghurt belegen, zusammenrollen und servieren.

Eine beliebte Suppe auch bei Partygästen

Lauch-Käse-Suppe mit Hackbällchen und Fladenbrot

Für 4 Personen | Zubereitungszeit 45 Min.

2 große Stangen Lauch
200 g Champignons
2 Knoblauchzehen
2 EL Butter
1 EL Zucker
300 ml Weißwein
300 ml Gemüsebrühe
400 ml Milch
100 g Schmelzkäse
2 EL körniger Senf
Salz, rosa Pfeffer, Muskat
Hackbällchen:
400 g gemischtes Hack
1 Zwiebel
2 Knoblauchzehen
1 EL Senf
1 Ei
Salz, Pfeffer
Evtl. etwas Paniermehl zum Binden
3 EL Öl zum Braten
Fladenbrotstreifen:
$\frac{1}{2}$ Fladenbrot
4 EL Olivenöl
Fleur de Sel, Cayennepfeffer
4 Stiele frische Petersilie

1 Lauch putzen, längs halbieren, waschen und in breite Ringe schneiden. Die Pilze putzen und vierteln, Knoblauch schälen und fein hacken.

2 Butter in einem großen Topf schmelzen, Lauch, Pilze, Knoblauch darin andünsten, mit Zucker bestreuen und etwas karamellisieren lassen. Mit Wein und Brühe ablöschen, aufkochen.

3 Milch und Schmelzkäse zugeben, Senf einrühren, mit Salz, rosa Pfeffer und Muskat würzen.

4 Für die Hackbällchen Zwiebel und Knoblauch schälen, fein würfeln und zusammen mit Hack, Senf, Ei und bei Bedarf etwas Paniermehl in einer Schüssel verkneten. Kräftig würzen, dann walnussgroße Bällchen daraus formen und in einer weiten Pfanne im heißen Öl von allen Seiten knusprig braun braten.

5 Fladenbrot waagerecht halbieren und in breite Streifen schneiden. Auf ein mit Backpapier ausgelegtes Blech geben, mit Olivenöl beträufeln, mit Fleur de Sel und Cayennepfeffer bestreuen. Im vorgeheizten Ofen bei 200 °C (Umluft: 180 °C) auf mittlerer Schiene 5 Minuten knusprig braun rösten. Herausnehmen und mit frisch gehackter Petersilie bestreuen. Suppe zusammen mit den Hackbällchen anrichten und die Brotstreifen dazu servieren.

Frikadellen mit Kartoffel-Rucola-Stampf

Für 4 Personen | Zubereitungszeit 40 Min.

500 g Rinderhack
Salz, Pfeffer
1 EL Tomatenmark
1 Ei
1 große Zwiebel
2 Knoblauchzehen
100 g getrocknete Tomaten (in Öl)
2 EL frische Oreganoblättchen, grob gehackt
2–3 EL Paniermehl zum Binden
Öl zum Braten
100 g Butter
Püree:
1 kg mehligkochende Kartoffeln
100 g Butter
$\frac{1}{4}$ l Milch
Muskat
50 g Parmesan, fein gerieben
1 Bund Rucola

1 Für das Püree die Kartoffeln schälen, würfeln und in einem Topf mit reichlich Salzwasser ca. 20 Minuten weich kochen.

2 In der Zwischenzeit für die Frikadellen das Hack in einer Schüssel mit Salz, Pfeffer, Tomatenmark und Ei verkneten.

3 Zwiebel und Knoblauch schälen und fein würfeln. Tomaten in einem kleinen Sieb abtropfen lassen und ebenfalls fein würfeln. Alles zusammen mit dem Oregano unter die Hackmasse kneten, mit etwas Paniermehl binden, falls die Masse noch zu weich ist. Dann zu kleinen Frikadellen formen.

4 Öl in einer Pfanne erhitzen und die Frikadellen darin portionsweise von beiden Seiten knusprig braun anbraten. Zum Schluss Butter in die Pfanne geben, schmelzen lassen und aufschäumen.

5 Milch und Butter in einem kleinen Topf erwärmen, mit Muskat würzen. Die Kartoffeln abgießen und zerstampfen, dabei die Muskatmilch und den Parmesan unterrühren. Mit Salz und Pfeffer würzen.

6 Rucola waschen, trocken schleudern und grob hacken. Zum Schluss unter das Püree heben, zusammen mit den Frikadellen und der braunen Butter servieren.

Der Clou an diesem Gericht ist das raffinierte Püree

Die kalte Suppe ist ein traditionelles Gericht aus Andalusien

Tomaten

Das Lieblingsgemüse der Deutschen ist pur schon ein Genuss – doch erst in der unterschiedlichen Zubereitung zeigt sich die ganze Vielfalt der Tomate

Gazpacho mit Brotchips

Für 4 Personen | Zubereitungszeit 30 Min. plus 12 Std. zum Kaltstellen der Suppe

1 kg vollreife Tomaten
2 rote Paprika
2 Knoblauchzehen
2 EL Kapern
500 ml Passata
2 EL Rotweinessig
150 ml Olivenöl
Salz, Pfeffer, Zucker
1 Bund Basilikum
Brotchips:
½ Ciabatta
3 EL Olivenöl
Meersalz und Pfeffer

1 Tomaten kreuzweise am Stielansatz einritzen, 1 Minute in kochendes Wasser legen, mit einer Schaumkelle herausheben, etwas abkühlen lassen und dann häuten.

2 Die gehäuteten Tomaten vierteln, Kerne entfernen und das Fruchtfleisch in eine große Schüssel (oder einen Mixer) geben.

3 Paprika waschen, putzen, vierteln, entkernen, in Stücke schneiden und dazugeben.

4 Knoblauch schälen und zusammen mit den Kapern dazugeben. Alles mit dem Pürierstab oder Mixer fein pürieren. Passata, Rotweinessig und Olivenöl hinzufügen und erneut durchmixen. Kräftig würzen und abschmecken. Die Suppe mindestens 12 Stunden zugedeckt kalt stellen.

5 Für die Brotchips das Ciabatta in sehr dünne Scheiben schneiden und diese nebeneinander auf ein mit Backpapier ausgelegtes Blech legen. Mit Olivenöl beträufeln, mit Salz und Pfeffer würzen, im vorgeheizten Ofen bei 200 °C (Umluft: 180 °C) auf mittlerer Schiene ca. 5-10 Minuten knusprig rösten.

6 Die durchgezogene, kalte Suppe durchrühren, nochmals abschmecken und eventuell etwas Wasser zugeben, falls sie zu dick geworden ist. Das Basilikum waschen, trocken schütteln, die Blättchen von den Stielen zupfen und in feine Streifen schneiden. Einen Teil zum Garnieren beiseitelegen, den Rest unter die Suppe rühren. Zusammen mit den Brotchips servieren.

I

II

Step I: Um die Tomaten zu häuten, ritzt man sie am Stielansatz ein und legt sie am besten ganz kurz in kochendes Wasser. Nach dem Abkühlen lässt sich die Haut leicht abziehen

Step II: Das Fruchtfleisch der Tomate kommt klein geschnitten in einen Topf, zusammen mit der geschnittenen Paprika, dem geschälten Knoblauch und den Kapern

Die Tomatentarte – so gut schmeckt vegetarisch

Tomatensalat „Caprese"

Für 4 Personen | Zubereitungszeit 30 Min.

Je 200 g Cherrytomaten, gelb und rot
150 g Mozzarellabällchen („Bambini")
1 rote Zwiebel
Salz, Pfeffer
Balsamico-Reduktion:
150 g Zucker
400 ml Aceto balsamico
Basilikum-Pesto:
1 Bund Basilikum
1 Knoblauchzehe
50 g Pinienkerne oder blanchierte Mandeln
Saft und Schalenabrieb von ½ Biozitrone
3–4 EL fein geriebener Parmesan
200 ml Olivenöl

1 Für die Reduktion den Zucker in einem Topf hellbraun karamellisieren, mit dem Essig ablöschen und bei mittlerer Hitze 15 Minuten offen einkochen lassen (reduzieren). Dann vom Herd nehmen und abkühlen lassen.

2 Für das Pesto Pinienkerne in einer Pfanne ohne Fett rösten, abkühlen lassen. Basilikum waschen, trocken schütteln und die Blätter von den Stielen zupfen. Knoblauchzehe schälen und grob hacken.

3 Alles zusammen in ein hohes Gefäß geben, Zitronensaft und etwas Olivenöl zufügen und mit dem Pürierstab mixen. Dann nach und nach das restliche Öl zugeben. Zum Schluss Parmesan und Zitronenschale einrühren. Mit Salz und Pfeffer abschmecken.

4 Für den Salat Tomaten waschen, trocknen und halbieren. In eine Schüssel geben.

5 Mozzarella abtropfen lassen und zu den Tomaten geben. Zwiebel schälen, halbieren, vierteln und in Streifen schneiden. Zur Tomaten-Mozzarella-Mischung geben. Mit Salz und Pfeffer würzen, auf Tellern anrichten, mit Pesto und Reduktion beträufelt servieren.

Dazu passt Ciabatta.

Wenn es noch schneller gehen soll: Crema di Balsamico und fertiges Pesto aus dem Kühlregal verwenden – oder beide Saucen schon einige Tage im Voraus zubereiten!

Tomatentarte mit Ziegenkäse

Für 4 Personen | Zubereitungszeit 20 Min. plus 20–30 Min. Backzeit

1 Rolle Blätterteig
1 EL Butter für die Form
50 g Parmesan
1 kg reife Tomaten
3 Frühlingszwiebeln
2 Knoblauchzehen
250 g Crème fraîche
4 Eier
Salz, Pfeffer
6 Zweige Thymian
100 g Ziegenkäse (Rolle)

1 Eine Tarteform (28 cm Durchmesser) mit Butter ausfetten und mit dem Blätterteig auslegen.

2 Parmesan fein reiben und den Boden damit bestreuen.

3 Tomaten waschen, putzen (Stielansatz herausschneiden) und in dünne Scheiben schneiden. Kreisförmig auf dem Blätterteigboden verteilen. Frühlingszwiebeln waschen, putzen, schräg in Scheiben schneiden und darüberstreuen.

4 Für den Guss Knoblauch schälen, hacken, zusammen mit Crème fraîche und Eiern in einer Schüssel verquirlen. Mit Salz und Pfeffer würzen, über die Tomaten in die Tarteform gießen. Thymianblätter abzupfen und darüberstreuen, Ziegenkäse in Scheiben schneiden und gleichmäßig auf der Tarte verteilen.

5 Im vorgeheizten Ofen bei 200 °C (Umluft: 180 °C) auf der zweiten Schiene von unten ca. 20–30 Minuten goldbraun backen und die Masse stocken lassen (eventuell mit etwas Backpapier abdecken, falls die Oberfläche zu dunkel wird).

Dazu passt grüner Salat mit Vinaigrette.

Eine kugelrunde Sache, dieser Tomatensalat

Nudeln

Ob Spaghetti, Farfalle oder Tagliatelle, Pasta präsentiert sich in vielen Formen. Ebenso variantenreich sind ihre köstlichen Begleiter: Gemüse, Fleisch oder Fisch

Ravioli mit Ricotta in Walnuss-Sauce

Die Nudeln, die Füllung, die Sauce: Hier ist alles selbst gemacht – Rezept auf der nächsten Seite

Step I: Mit einer Nudelmaschine gelingt das Ausrollen des Teiges am leichtesten

Step II: Ein umgedrehtes Glas hilft beim Ausstechen der Kreise. Darauf die Füllung geben

Step III: Die Zutaten für die Sauce werden im Mörser verarbeitet, mit Öl und Wasser vermengt

Ravioli mit Ricotta in Walnuss-Sauce

Für 4 Personen | Zubereitungszeit 60 Min.

400 g Mehl (Type 00)
4 Eier
100 ml Öl
1 TL Salz
1 Eigelb (zum Zukleben!)
Füllung:
1 Bund Brennnesseln
1 kleiner Mangold
2 Schalotten
1 Knoblauchzehe
2 EL Olivenöl
Pfeffer, Muskat
2 EL Rosinen
250 g Ricotta
1 Eigelb
2 EL geröstete Pinienkerne
Sauce:
1 Scheibe Weißbrot (ohne Rinde!)
50 ml Milch
200 g Walnüsse, grob gehackt
1 Knoblauchzehe, gehackt
6 Zweige Majoran, gehackt
30 g Parmesan, gerieben
100 ml Olivenöl
Parmesan zum Bestreuen

1 Für die Pasta Mehl, Eier, Salz, Öl und etwas Wasser zu einem glatten Teig kneten. In Frischhaltefolie wickeln, 30 Minuten kühl stellen.

2 In der Zwischenzeit für die Füllung die Brennnesselblätter von den Stielen zupfen und hacken (geht am besten mit Küchenhandschuhen). Den Mangold waschen, putzen und fein hacken. Zwiebel und Knoblauch schälen und fein würfeln. Alles zusammen in Olivenöl andünsten, mit Salz, Pfeffer und Muskat würzen, die Rosinen zugeben und zum Abkühlen beiseitestellen.

3 Ricotta und Eigelb verrühren, die Gemüse-Kräutermischung und die Pinienkerne unterziehen, noch mal abschmecken.

4 Eigelb und 2 EL Wasser verquirlen.

5 Dann den Pastateig mithilfe einer Nudelmaschine oder mit einem Rollholz sehr dünn ausrollen, Kreise von ca. 6 cm Durchmesser ausstechen, je 1 TL Füllung in die Mitte der Flächen setzen, die Ränder mit etwas verquirltem Eigelb bestreichen und jeweils einen weiteren Teigkreis über die Füllung legen. Die Ränder mit den Zinken einer Gabel gut zusammendrücken.

6 Reichlich Salzwasser in einem großen Topf erhitzen und die Nudeln darin in ca. 2-3 Minuten gar kochen (steigen an die Oberfläche!).

7 Für die Sauce Weißbrot in Stücke zupfen, in Milch einweichen.

8 Nüsse, Knoblauch, Majoran, ausgedrücktes Weißbrot und Parmesan im Mörser verreiben, nach und nach Öl und etwas warmes Wasser zugeben, bis eine homogene Masse (Pesto) entstanden ist. Mit Salz und Pfeffer würzen.

9 Nudeln abgießen und noch heiß mit dem Pesto mischen, mit Parmesan bestreut servieren.

Mie-Nudeln gibt's im Feinkostgeschäft oder Asiamarkt

Schwarze Tagliatelle mit Flusskrebsen

Für 4 Personen | Zubereitungszeit 25 Min.

400 g frische, schwarze Tagliatelle
200 g Flusskrebse
1 Stange Lauch
2 Knoblauchzehen
4 EL Olivenöl
Salz, Pfeffer, Curry
250 ml Weißwein
250 ml Sahne
6 Stiele Dill

1 Lauch putzen, waschen, längs halbieren und in 1 cm breite, schräge Streifen schneiden.

2 Knoblauch schälen und fein hacken.

3 Olivenöl in einer großen, beschichteten Pfanne erhitzen, Lauchstreifen und Knoblauch darin andünsten. Mit Salz, Pfeffer und etwas Curry würzen, mit Wein und Sahne ablöschen und einige Minuten köcheln lassen, bis die Sauce etwas eindickt. Dann die Flusskrebse zugeben und in der Sauce kurz erwärmen.

4 Nudeln nach Anleitung in reichlich Salzwasser al dente kochen, abgießen und dabei etwas Nudelwasser auffangen.

5 Dillfähnchen von den Stielen zupfen und grob hacken, zusammen mit den abgegossenen Nudeln und etwas Nudelwasser unter die Sauce heben und servieren.

Gebratene Mie-Nudeln mit Gemüse und Rindfleisch

Für 4 Personen | Zubereitungszeit 30 Min.

300 g Rindfleisch aus der Hüfte
100 ml Sojasauce
4 Knoblauchzehen, geschält und fein gehackt
100 g Ingwer, geschält und fein gehackt
1–2 rote Chilis, geputzt, entkernt, fein gehackt
2 TL Speisestärke
½ Pk. Mie-Nudeln
1 Brokkoli (500 g)
½ kleiner Weißkohl
2 Karotten
1 Bund Frühlingszwiebeln
4 EL Sesamöl
Szechuan-Pfeffer
2 EL Sesam, geröstet

1 Rindfleisch kalt abspülen, gründlich trocken tupfen und in feine Scheiben bzw. Streifen schneiden. Sojasauce mit fein gehacktem Knoblauch, Ingwer und Chili in einer Schüssel verrühren, das Fleisch darin 15 Minuten marinieren. Dann in einem Sieb etwas abtropfen lassen (die Marinade auffangen), in einer weiteren Schüssel mit der Speisestärke bestäuben und etwas einmassieren.

2 Mie-Nudeln nach Packungsanweisung zubereiten, in ein Sieb abgießen und abtropfen lassen.

3 Gemüse waschen und putzen. Den Brokkoli in Röschen teilen, Weißkohl in Streifen schneiden und die Karotten in Stifte oder Scheiben. Frühlingszwiebeln schräg in Scheiben schneiden.

4 Öl in einem Wok stark erhitzen, das Fleisch darin unter Wenden 2-3 Minuten anbraten, herausnehmen. Das Gemüse, bis auf die Frühlingszwiebeln, zugeben und unter ständigem Rühren bissfest garen. Dabei mit der aufgefangenen Fleischmarinade ablöschen und diese verdampfen lassen. Zum Schluss Frühlingszwiebeln, Fleisch und Nudeln unterheben und kurz erhitzen. Mit Sesam bestreut servieren.

Schwarze Nudeln sind mit Tintenfischtinte eingefärbt

Die stolzen Hähne sorgen für Ordnung unter den Hühnern

Von Natur aus gut

Auf dem Biohof Timmermann herrscht eine familiäre Atmosphäre. Hier kauft auch Tim Mälzer gern ein

Der Traktor ist startklar: Er wird für das Pflanzen der Kartoffeln eingesetzt

Unter dem Apfelbaum baden ein paar Hühner wohlig im Sand und pflegen ihr Gefieder. Ein anderes Grüppchen vergnügt sich im überdachten Wintergarten und scharrt im Stroh nach Getreidekörnern. Da ertönt nebenan, im Stall, ein auffallend lautes Gackern: Eines der Hühner verkündet, dass es gerade ein Ei gelegt hat. Keine Frage: Der Biohof der Familie Timmermann in Hamburg-Sülldorf ist quasi eine Fünf-Sterne-Unterkunft für 280 Hühner, 25 Rinder und zwei Schweine. Außerdem bauen die Timmermanns auf insgesamt etwa 38 Hektar Wirtschaftsfläche auch Gemüse und Obst an – alles kontrolliert biologisch.

VOM GLÜCK, EIN BIOTIER ZU SEIN

Für die Tiere bedeuten die strengen Bioland®-Auflagen ein Leben ohne Hormonzugaben, dafür mit viel Auslauf und gutem Futter. Die Hühner etwa bekommen eine Mischung aus Hülsenfrüchten, Mais und Getreideschrot. „Die ist so hochwertig, dass man theoretisch auch ein Brot daraus backen könnte", sagt Agnes Timmermann, die ihren Mann Willem bei der Bewirtschaftung des Hofes unterstützt. Sie erklärt, warum die Legehennen zusätzlich auch Möhren bekommen: „So entsteht ein kräftiger gefärbtes Eidotter – mit natürlichen Vitaminen, ohne Farbstoffe."
Und ohne Stress, denn während bei konventioneller Haltung bis zu neun Hühner auf einem Quadratmeter leben, dürfen sich bei Biobetrieben maximal sechs Tiere diese Fläche teilen. Ein weiterer Unterschied: „Konventionell wird jungen Küken die obere Spitze des Schnabels weggeglüht", so Timmermann. Damit soll vermieden werden, dass sich die Tiere in den engen Ställen gegenseitig picken. Auf dem Hamburger Biohof hingegen leben die Tiere in natürlicher Rangordnung, auch nachts: Die Hühner und Hähne schlafen auf einem Gerüst mit verschieden hohen Stangen, dem Wiemen: die ranghohen Tiere oben, die niederen darunter. „Würden alle auf gleicher Höhe sitzen, gäbe es jede Nacht Gerangel", sagt Agnes Timmermann.
Weil die Hofbesitzer trotz aller Tierliebe auch wirtschaftlich denken müssen, wird die geflügelte Belegschaft einmal im Jahr komplett gegen neue Junghennen ausgetauscht. „Die alten Tiere werden dann zu Suppenhühnern befördert", sagt Agnes Timmermann. Auch die Tage der übrigen Nutztiere sind gezählt: Die Schweine des Hofes erleben neun glückliche Monate, die Rinder immerhin gut drei Jahre. Die Schlachtung wird von einem Fachbetrieb übernommen, die Zerlegung und Weiterverarbeitung des Fleisches findet auf dem Hof statt. „Klar ist der Abschied mitunter ein Wermutstropfen, gerade wenn es sich um ein besonderes Tier wie etwa eine Leitkuh handelt", gibt die Fachfrau zu. „Auf der anderen Seite weiß ich aber, dass wir ihnen das gute Leben nur ermöglichen können, wenn wir eben hinterher ihr Fleisch verkaufen."
Und dass das seinen Preis hat, kann Agnes Timmermann leicht erklären: „Rinder etwa nehmen bis zu einem Alter von 18 Monaten am schnellsten zu – hält man sie länger, verliert man an Gewinnspanne." Das nehmen die Biobauern in Kauf, weil ihre Tiere kein spezielles Mastfutter bekommen, sondern naturbelassenes Gras und Heu fressen, im Winter auch Silage oder Getreideflocken. Damit nehmen die Rinder langsamer zu und dürfen länger leben. „Die höheren Futterkosten müssen wir aber auf den Kilopreis umrechnen."
Dafür ist das Biofleisch oft aromatischer. Vielleicht nicht nur wegen des langsamen, gleichmäßigen Wachstums, sondern auch, weil die Tiere auf Wiesen, Weiden und Strohmist gelebt haben – und nicht in engen Verschlägen, mit den Klauen auf Spaltenboden.
Überzeugender als die zahlreichen Negativbeispiele konventioneller Haltung findet Agnes Timmermann aber die positiven Erlebnisse,

„Bio-Einsteigern empfehle ich ein Vollkornbrot."

Agnes Timmermann

DER HOF IN BILDERN
Die vorgekeimten Kartoffeln pflanzt Landwirt Timmermann auf seinem Acker an. Er führt den Hof, zu dem auch Rinder und Hühner gehören, seit 1989 nach streng biologischen Richtlinien.

die man mit Bioprodukten haben kann: „Ein simples Vollkornbrot ist ein guter Einstieg“, sagt sie, „das hat einen tollen, intensiven Geschmack und hält viel länger satt als anderes Brot.“ So bezahlt man zwar für das Brot etwas mehr, gibt aber am Ende trotzdem weniger aus, weil man nicht so schnell wieder Hunger hat. Eine einfache Rechnung.
Köstliches Biobrot gibt es auch auf dem Timmermann-Hof, allerdings nicht aus eigener Herstellung. Um das Angebot im Hofladen möglichst umfangreich zu gestalten, kauft Agnes Timmermann viele Waren von ausgewählten Biolieferanten dazu. Eigene Produkte sind besonders gekennzeichnet, wie etwa beim Gemüse: Tomaten gibt's aus dem Gewächshaus, Möhren, Weißkohl, Rote Bete vom eigenen Acker. Und Kartoffeln. Für die frühen Sorten nimmt Willem Timmermann vorgekeimte Kartoffeln – die haben einen zeitlichen Vorsprung, um sich besser gegen Unkraut und Ungeziefer durchsetzen zu können. Schließlich dürfen im biologischen Anbau weder Superdünger noch chemische Schädlingsbekämpfung zum Einsatz kommen. So müssen sich die Knollen beispielsweise gegen die Krautfäule, einen schädlichen Pilz, zur Wehr setzen, während konventionelle Kartoffeln einfach gedüngt werden, dann schnell wachsen und nach viel kürzerer Zeit geerntet werden.
Man sieht: Ein dummer Bauer kann keine dicken Kartoffeln ernten, denn gerade die biologische Landwirtschaft erfordert viel Wissen. Das brauchen Kunden aber auch, um beim Einkaufen wirklich eine bewusste Entscheidung treffen zu können – für ein konventionelles Produkt oder für ein biologisches.

Sabine Linkner ist seit zwölf Jahren Verkäuferin auf dem Biohof

„Der Abschied von einem Tier ist mitunter ein Wermutstropfen.“

Agnes Timmermann

BRUST ODER KEULE?

Beim Kauf von Fleisch kommt es nicht nur auf Haltung und Schlachtung an, sondern auch auf die richtigen Stücke. Welche Teile von Rind, Schwein, Lamm und Geflügel man wie verarbeiten kann, zeigt die Warenkunde

Rindfleisch: aromatisch & vielseitig

Viele schätzen den kräftigen Geschmack des Rindes – er kommt am besten zur Geltung, wenn das Fleisch nicht zu mager ist. Die Zubereitung der Teilstücke ist sehr individuell

Gutes Rindfleisch kann man mit bloßem Auge erkennen: Es hat eine sattrote Farbe und eine feine Marmorierung. Die dünnen, weißen Fettäderchen garantieren Saftigkeit und ausgeprägten Geschmack – schließlich ist Fett ein Aromaträger und bei maßvollem Verzehr auch nicht gesundheitlich bedenklich. Allzu dicke äußere Fettschichten kann man ja abschneiden. Positiven Einfluss auf die Marmorierung haben unter anderem eine langsame Mast sowie ausreichend Bewegung für das Tier.
Andere Inhaltsstoffe des Rindfleischs spielen zwar für den Geschmack keine Rolle, sind dafür aber gut für den Körper: Dazu gehören beispielsweise hochwertiges Eiweiß, wertvolle Vitamine, Mineralstoffe und Spurenelemente. Genießen kann man das Fleisch jedoch erst, wenn es vier bis fünf Wochen beim Schlachter gereift ist.

VON STEAK BIS GULASCH

Besonders begehrt ist natürlich das zarte Filet – doch das macht nur rund zwei Prozent eines Rindes aus. Darum ist es gut, auch Alternativen zu kennen: Die Keule etwa enthält ebenfalls sehr zartfaseriges Fleisch, genauso wie die Hochrippe, aus der das bekannte Rib-Eye-Steak geschnitten wird. Der Deckel der Oberschale wird gern zu Gulasch oder Geschnetzeltem verarbeitet. Und relativ preiswert sind die Teile der Rinderbrust, die man gut zum Kochen verwenden kann.

Die besten drei vom Rind

Ein saftiges Steak, gutes Schmorfleisch und Genuss bis in die hinterste Spitze

T-Bone-Steak Besteht aus dem Fleisch des Roastbeefs und des Filets

Beinscheibe Daraus macht man z. B. das italienische Schmorgericht Ossobuco

Tafelspitz So nennt man das Schwanzstück, das in Brühe gekocht wird

DAS RIND

Im Schnitt isst jeder Deutsche 12,4 Kilo Rind- und Kalbfleisch pro Jahr*

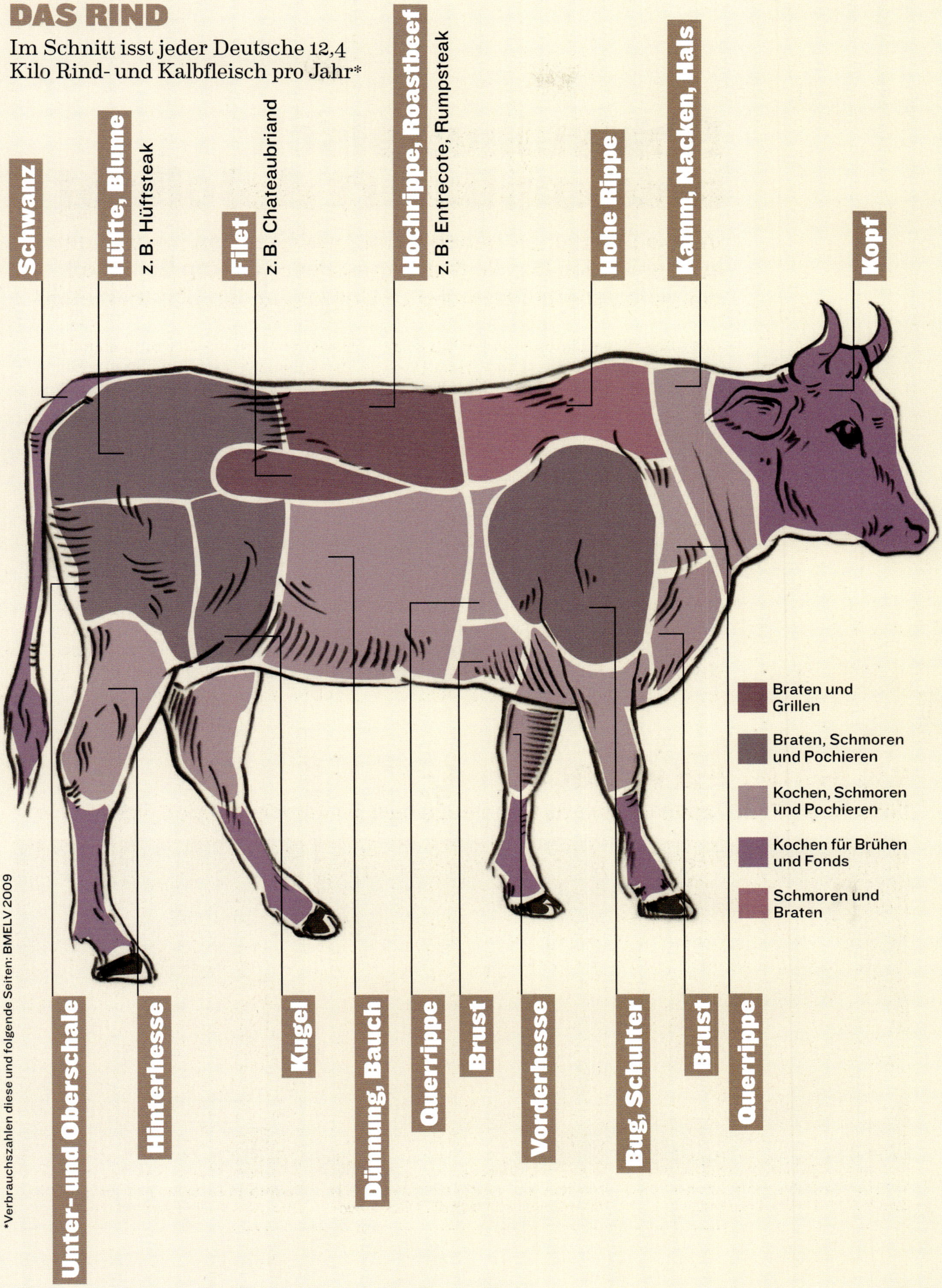

*Verbrauchszahlen diese und folgende Seiten: BMELV 2009

Schweinefleisch: unkompliziert & beliebt

Ja, die Deutschen haben richtig viel Schwein – vor allem auf dem Teller. Das liegt sicher an dem leckeren Schinken, der viele andere Teilstücke zu Unrecht in den Schatten stellt

Das rosafarbene, feinfaserige Fleisch wird in Deutschland mit Abstand am häufigsten gegessen – ob als saftiger Schinken, als knuspriger Braten oder als zartes Filet. Damit das Fleisch nicht zu fett ist, werden die Tiere meist im Alter von sechs bis acht Monaten geschlachtet, ihr Fleisch ist dann schon nach wenigen Tagen zum Verzehr geeignet. Ein bisschen fett darf es aber, wie beim Rind, durchaus sein: Sehr mageres Schweinefleisch ist nämlich kein großer Genuss, sondern eher fade und wässrig. Außerdem hat zum Beispiel Schweineschmalz sogar eine gesündere Zusammensetzung als pflanzliches Fett wie etwa Palmöl. Insgesamt werden rund 60 Prozent eines jeden Schweins als Frischfleisch im Handel angeboten, der Rest findet für die Herstellung von Wurstwaren Verwendung.

VON ROLLBRATEN BIS SCHNITZEL

Neben dem edlen Schinken sind auch Filet, Kotelett und Lende begehrte Stücke und entsprechend teuer. Eine günstigere Alternative zum Braten und Kurzbraten ist der Nacken, der zum Beispiel als Rollbraten gut schmeckt, aus der Oberschale (liegt auf der Innenseite der Keule) lassen sich Schnitzel zubereiten. Preiswert sind Bauch und Haxe (Eisbein). Wichtig: Wegen der Anfälligkeit für Krankheitserreger sollte Schweinefleisch immer gut durchgegart werden!

Die besten drei vom Schwein

Edles Filet für Medaillons, Koteletts zum Braten oder Schmoren und eine dicke Rippe

Filet Das zarteste und fettärmste Stück vom Schwein sollte man nur kurz braten

Kotelett Wird sowohl mit als auch ohne Rippenknochen verkauft

Rippe Das stark durchwachsene Fleisch passt z. B. in einen Eintopf

DAS SCHWEIN

Hier liegt der Verzehr im Schnitt bei 54,1 Kilo pro Kopf und Jahr

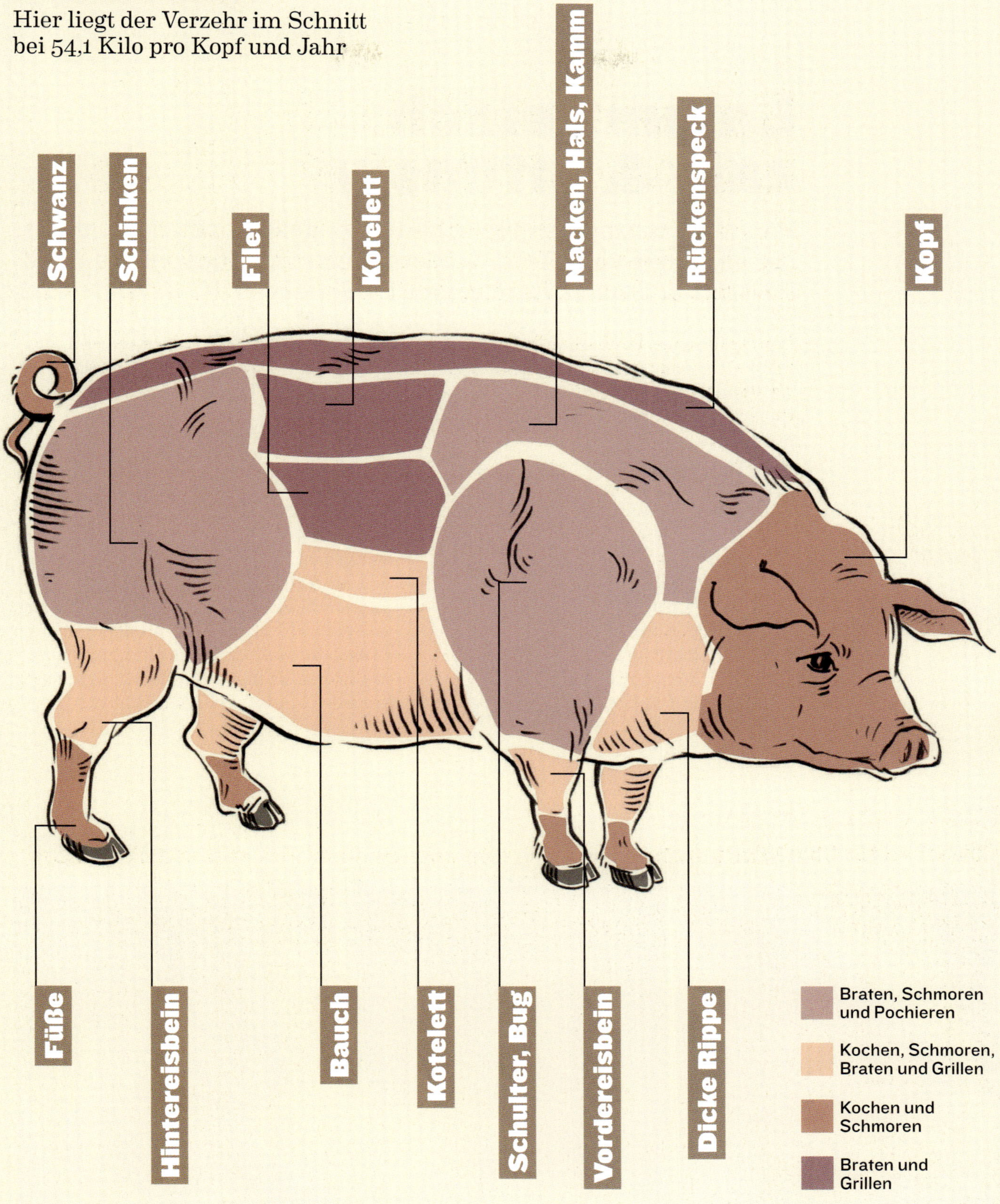

Lammfleisch: zart & intensiv

Kenner schätzen den typischen Eigengeschmack des Lamms, der abhängig vom Futter variieren kann. Das besonders zarte Fleisch der jungen Tiere gilt als Delikatesse

Der Geschmack von Lammfleisch wird mehr als andere Fleischsorten vom Futter der Tiere beeinflusst: So schmecken etwa Deichlämmer von den Weiden der Küstenregionen salziger als beispielsweise junge Heidschnucken, deren Fleisch dank des aromatischen Heidegrases eher würzig ist. Weil das zarte, hellrote Lammfleisch von Tieren stammt, die höchstens zwölf Monate alt sind, ist der Geschmack aber noch nicht so kräftig, wie manche befürchten – das noch intensivere Fleisch der älteren Tiere wird als Schaf- oder Hammelfleisch gekennzeichnet und verkauft. Lammfleisch muss nach der Schlachtung noch reifen, ist aber bereits nach fünf bis sieben Tagen für den Verkauf und Verzehr geeignet. Durch seinen Eigengeschmack verträgt es kräftige Gewürze wie Rosmarin, Thymian, Chili oder Curry.

VON LAMMLACHS BIS LAMMHAXE

Zu den hochwertigen Stücken des Lamms gehört der Rücken, aus dem man unter anderem Lendenkoteletts, Rollbraten oder Medaillons machen kann. Auch die Lammlachse gewinnt man aus dem Rücken. Zum Schmoren und Braten eignen sich die preiswerteren Teilstücke wie Haxen, Brust und Schulter. Übrigens: Bereitet man das Fleisch mitsamt dem Knochen zu, wird das Aroma intensiver – wer das nicht mag, kann den Knochen vorher entfernen.

Die besten drei vom Lamm

Hochwertiges Filet, eine ganze Lammkeule und entzückender Rücken

Filet Ein kleines, aber feines Teilstück des Lendenkoteletts

Keule Das magere Fleisch wird häufig im Ganzen zubereitet

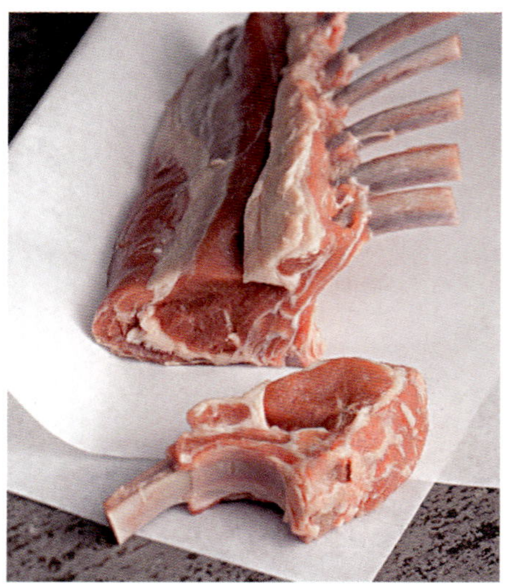

Karree Ein Kotelettstück aus dem Rücken mit saftig-zartem Fleisch

DAS LAMM

0,9 Kilo Schaf- und Ziegenfleisch
verzehrt jeder Deutsche im Jahr

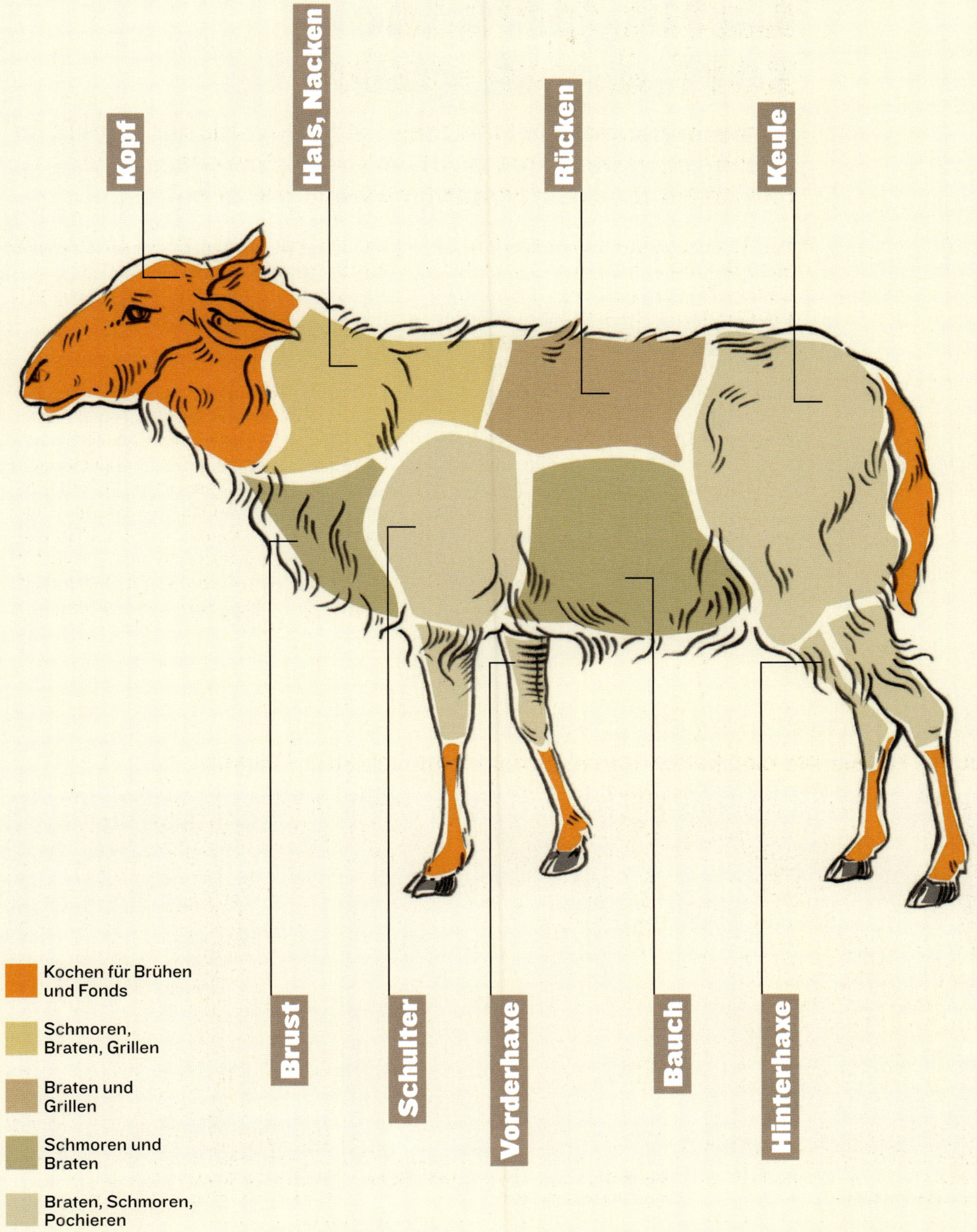

Geflügelfleisch: fettarm & günstig

Als besonders leichtes Fleisch wird Geflügel in der modernen Küche gern verarbeitet. Auch der Preis ist ein Pluspunkt – nun gilt es nur noch, Huhn vom Hähnchen zu unterscheiden

Zum Geflügel gehören vor allem Hühner – hier differenziert man nach Alter und Gewicht: Hähnchen nennt man Hähne und Hennen, die nach fünf bis sechs Wochen geschlachtet werden. Poularden sind Masthühner, die nach rund zwölf Wochen ihr Schlachtgewicht von etwa 1200 Gramm erreicht haben, und das Suppenhuhn ist eine rund zwei Kilo schwere, ausgewachsene Henne. Außerdem gibt es unter anderem Pute, Ente, Gans und Wildgeflügel. Das helle und leicht verdauliche Hühnerfleisch ist im Vergleich zu anderen Sorten sehr preisgünstig und mager, sodass es auch bei Schonkost und kalorienreduzierter Ernährung verzehrt werden kann. Qualitätsmindernd wirken sich trockene Hautstellen und bei tiefgefrorenem Geflügel auch Frostbrand aus – solches Fleisch erreicht dann nur Handelsklasse B.

VON SUPPENHUHN BIS CHICKEN WING

Die kräftige Hühnerbrust eignet sich für alle Zubereitungsarten, wird jedoch bei längerem Garen leicht trocken. Die Keule ist aromatischer im Geschmack und kann geschmort, gebraten oder frittiert werden. Die Flügel (Chicken Wings) enthalten nur wenig Fleisch, sind aber als Snack beliebt. Achtung: Bei rohem Geflügel muss man sehr auf Hygiene achten, weil sonst leicht Salmonellen übertragen werden können.

Die besten drei vom Geflügel

Magere Hühnerbrust, köstliche Keule und eine beflügelnde Gaumenfreude

Brust Stammt meist von Poularde oder Hähnchen, hat zartes Innenfilet

Keule Sie besteht im Ganzen aus Ober- und Unterschenkel

Flügel Gegrillt oder gebraten sind die Chicken Wings als Fingerfood beliebt

DAS HUHN

Bei Geflügel liegt der Verbrauch bei 18,6 Kilo pro Kopf und Jahr

ILLUSTRATIONEN: HEIKE SAALFRANK

Holzkohle – für
Tim Mälzer das
Nonplusultra.

Her mit der Kohle: Tim Mälzer präsentiert seine heißesten Rezepte für Fleisch, Gemüse und Fisch – am liebsten klassisch auf Holzkohle

„Schmeißt den Grill an!“

Kräuter geben dem Steak eine besondere Würze

Südamerikanisches T-Bone-Steak mit Chimichurri-Sauce

Für 4 Personen | Zubereitungszeit 10 Min. plus 2 Std. für das eingelegte Fleisch

3 Zweige Thymian
2 Zweige Rosmarin
8 Knoblauchzehen
1 EL schwarze Pfefferkörner
40 ml Olivenöl
4 T-Bone-Steaks (à ca. 300 g)
½ Bund glatte Petersilie
4 Frühlingszwiebeln
1 TL Chiliflocken
1 TL getrockneter Oregano
5 EL Rotweinessig
6 EL Sonnenblumenöl
1 TL Meersalz
Meersalz zum Würzen

1 Die Blätter vom Thymian und Rosmarin abzupfen und grob hacken. 2 Knoblauchzehen schälen und halbieren, die Pfefferkörner im Mörser grob zerstoßen.

2 Die Steaks mit den Kräutern, Knoblauch, Pfeffer und Olivenöl in einen Gefrierbeutel geben, fest verschließen und 2 Stunden kühl stellen.

3 In der Zwischenzeit Petersilie, Frühlingszwiebeln und die restlichen, geschälten Knoblauchzehen grob hacken, mit den übrigen Zutaten in einen Mixer geben und alles zu einer stückigen Mischung verarbeiten.

4 Das Fleisch aus dem Beutel nehmen und über heißen Holzkohlen von jeder Seite grillen – blutig: 4 Minuten, medium: 6 Minuten, durch: 10 Minuten. Mit Meersalz würzen, dazu die Sauce reichen.

Beim Grillen darf man mal die Finger benutzen

Ablöschen mit Bier? Aber nur bei Fleisch!

Lammkeule mit Knoblauch-Petersilien-Füllung

Für 6 Personen | Zubereitungszeit 60 Min. plus eine Nacht zum Kühlen der Füllung

2 kg Lammkeule, ohne Knochen
Schwarzer Pfeffer
Meersalz
Saft von 1 Zitrone
4 Knoblauchzehen
1 Bund glatte Petersilie
1 Handvoll frisch geriebener Meerrettich
6 EL Olivenöl

1 Das Fleisch mit einem scharfen Messer waagerecht zu drei Vierteln aufschneiden und aufklappen, mit Salz und Pfeffer würzen, mit Zitronensaft beträufeln.

2 Die Knoblauchzehen schälen und in Scheiben schneiden. Petersilienblätter abzupfen und grob hacken.

3 Knoblauch und Petersilie auf einer Fleischhälfte verteilen und zuklappen, mit 2-3 Metallspießen fixieren. Das zubereitete Fleisch in Frischhaltefolie wickeln und über Nacht kühl stellen.

4 Das Fleisch 1 Stunde vor dem Grillen aus dem Kühlschrank nehmen. Den Grill (mit Deckel!) vorbereiten, anheizen.

5 Die Lammkeule auf den Rost legen, aber nicht direkt über die Holzkohle. Das Fleisch darf nicht zu viel Hitze abbekommen, sonst brennt es an. Den Deckel schließen und 80 Minuten garen, ca. jede Viertelstunde das Fleisch wenden.

6 Die Lammkeule auf ein Holzbrett legen, die Spieße entfernen, Meerrettich und Olivenöl darübergeben. Mit frischem Baguette servieren.

TIMS TIPP „Bei Lamm, Geflügel oder Rind mag ich auch Kräutermarinaden, weil sie das Aroma des Fleisches unterstützen."

Ran ans Lamm! Das ist was für ungefähr sechs ganze Kerle

Vor dem Einwickeln werden die Sardinen noch mariniert

Sardinen in Weinblättern

Für 4 Personen | Zubereitungszeit 20 Min.

½ Bund glatte Petersilie
2 EL Olivenöl
1 EL Akazienhonig
Saft von 1 Zitrone
1 EL Paprikapulver
12 Sardinen, küchenfertig
12 Weinblätter, vorgekocht
Sonnenblumenöl zum Bepinseln

1 Petersilie waschen und abtrocknen, Blätter abzupfen, grob hacken und mit Olivenöl, Honig, Zitronensaft und Paprikapulver in einer Schüssel vermischen.

2 Die Sardinen waschen, trocknen, in die vorbereitete Marinade geben und vorsichtig durchschwenken.

3 Die Weinblätter auf einer Arbeitsfläche verteilen, die Sardinen darin einrollen. Anschließend mit Öl bepinseln.

4 Die gewickelten Sardinen auf den Grill legen und ca. 2-3 Minuten pro Seite garen.

Dazu passt Tomaten-Chutney (Seite 68).

Weinblätter gibt's im türkischen Lebensmittelgeschäft

Teriyaki ist eine typisch japanische Zubereitungsart

Fisch auf Indisch – schmeckt pikant-exotisch

Kaufen kann jeder! Diese Würstchen sind selbst gemacht

Die klassische Ente à l'Orange in der Grillversion

Teriyaki-Hähnchen

Für 4 Personen | Zubereitungszeit 30 Min. plus 1 Std. für das Marinieren

8 EL Sojasauce
4 EL Mirin
10 EL Sake
2 EL Rohrzucker
8 Hähnchenkeulen, ohne Haut und Knochen

1 Sojasauce, Mirin, Sake und Zucker in einem kleinen Topf zum Kochen bringen. Bei niedriger Hitze ca. 8-10 Minuten zu einer sirupartigen Konsistenz einkochen, zur Seite stellen und abkühlen lassen.

2 Die Hähnchenkeulen mit der Fleischgabel rundherum einstechen. Anschließend in eine große Schüssel geben, den Sirup darübergießen und einmassieren, ca. 1 Stunde kühl stellen.

3 Das marinierte Fleisch bei mittlerer Hitze ca. 15 Minuten über Holzkohlen grillen, dabei häufig wenden.

Makrele Bombay

Für 4 Personen | Zubereitungszeit 20 Min. plus 1 Std. für das Marinieren

4 Makrelen, küchenfertig
1 TL Ingwerpaste
1 TL Knoblauchpaste
1 EL Meersalz
Saft von 1 Zitrone
3 EL Sonnenblumenöl
1 große Gemüsezwiebel
2 Strauchtomaten
1 EL Masalapaste
5 Curryblätter

1 Köpfe der Makrelen mit einem Messer entfernen, säubern und abtrocknen. Das Fischfleisch an den Seiten in Abständen von ca. 3 cm leicht einschneiden.

2 Ingwer, Knoblauch, Salz, Zitronensaft und 1 EL Sonnenblumenöl in einer flachen Schale zusammenrühren. Fische darin wenden und 1 Stunde kühl stellen.

3 In der Zwischenzeit die Zwiebel schälen und in dünne Scheiben schneiden. Tomaten waschen, trocknen, würfeln. Das restliche Öl in einer Pfanne erhitzen, die Zwiebeln darin goldbraun braten. Masalapaste und Curryblätter hinzugeben, die Hitze reduzieren und für 3-4 Minuten unter ständigem Rühren braten. Die Tomaten dazugeben, gut durchschwenken und abkühlen lassen.

4 Die Makrelen aus dem Kühlschrank nehmen und mit der bereiteten Masse füllen. 5-7 Minuten pro Seite grillen.

Home Made Spicy Sausages

Für 4 Personen | Zubereitungszeit 45 Min.

800 g Schweinenacken
1 Handvoll Pistazien
1 Handvoll Rosinen
1 Handvoll Pinienkerne
2 Frühlingszwiebeln
1 rote Peperoni
1 EL Harissa
1 EL Meersalz
1 EL schwarzer Pfeffer
1 Meter Wurstdarm (beim Metzger vorbestellen!)

1 Das Schweinefleisch in grobe Würfel schneiden, in einer Schüssel mit den restlichen Zutaten mischen und durch einen Fleischwolf drehen (alternativ in der Küchenmaschine zu Hack verarbeiten). Die Fleischmasse in einen Spritzbeutel mit Lochtülle füllen.

2 Den Wurstdarm unter kaltem Wasser mehrmals gut durch- und abspülen. Ein Darmende auf die Tülle stülpen und den Darm so lange nachschieben, bis das Ende erreicht ist. Etwas Wurstmasse einfüllen, um die eingeschlossene Luft zu entfernen, dann das Darmende mit Küchengarn zubinden. Fleischmasse mit gleichmäßigem Druck aus dem Spritzbeutel in den Wurstdarm füllen, bis sie aufgebraucht ist. 8 Würstchen à ca. 10 cm jeweils durch einen Dreh abtrennen, die Enden mit Küchengarn verknoten.

3 Die fertigen Würstchen mit einem Zahnstocher rundherum einstechen, damit sie beim Grillen nicht aufplatzen.

4 Bei mittlerer Hitze die Würstchen über der Holzkohle ca. 10-12 Minuten goldbraun grillen. Dabei ab und zu mit dem Zahnstocher einstechen.

Entenbrust vom Grill mit Orangen-Honig-Glasur

Für 4 Personen | Zubereitungszeit 20 Min. plus 1 Std. für das Marinieren

4 Entenbrüste
2 kleine rote Chilis
5 Stiele Zitronenthymian
Saft von 2 Orangen
3 EL Pinienhonig
Schwarzer Pfeffer
Meersalz

1 Die Entenhaut mit parallelen Schnitten im Abstand von ca. 1 cm rautenförmig einschneiden. Chilis fein hacken. Zitronenthymianblätter vom Stiel trennen.

2 Orangensaft, Honig, gehackte Chilis und Thymian in einer flachen Schüssel vermischen. Die Entenbrüste mit der Hautseite nach oben hineingeben und bei Zimmertemperatur 1 Stunde einlegen.

3 Entenbrüste aus der Marinade nehmen und bei mittlerer Hitze mit der Hautseite nach unten ca. 5 Minuten grillen, wenden und ca. weitere 8 Minuten garen. Während des Grillvorgangs immer wieder mit der Marinade bepinseln. Mit Salz und Pfeffer würzen und servieren.

TIMS TIPP „Immer wieder heißt es, dass krebserregende Stoffe entstehen können, wenn Fett in die Kohle tropft. Das vermeidet man ganz leicht durch indirektes Grillen: einfach eine Aluminium-Schale mit Wasser auf die Kohle stellen, damit das Fett hineintropfen kann. So vermindert man das Risiko und behält trotzdem das einzigartige Grillaroma."

1 Walnuss-Dill-Dip

Für 4 Personen | Zubereitungszeit 10 Min.

1 Bund Dill
250 g Walnüsse
5 EL Olivenöl
2 EL Akazienhonig
Meersalz

1 Dill waschen, trocken schütteln, Blätter von den Stielen zupfen und grob hacken.

2 Walnüsse grob hacken, das Olivenöl in einer Pfanne erhitzen und die Walnüsse darin goldbraun braten.

3 Dill und Honig in die Pfanne geben, einmal durchschwenken und mit Meersalz abschmecken, warm servieren.

2 Tomaten-Chutney

Für 4 Personen | Zubereitungszeit 30 Min.

3 Fleischtomaten
1 Stück Ingwer, walnussgroß
2 EL Sonnenblumenöl
1 TL Senfsamen
1 getrocknete rote Chili
2 EL Rohrzucker
1 EL Rosinen
2 EL Apfelessig
50 ml Kokosmilch

1 Tomaten waschen, trocknen und grob würfeln, Ingwer schälen und fein reiben.

2 Das Öl in einer Pfanne erhitzen, Senfsamen und Chili hineingeben und braten, bis die Senfsamen platzen. Tomaten und Ingwer zufügen. Köcheln, bis die Tomaten weich sind. Die restlichen Zutaten beifügen und ca. 7 Minuten schmoren lassen. Warm servieren.

3 Koriander-Minz-Chutney

Für 4 Personen | Zubereitungszeit 10 Min.

1 großes Bund Koriander
20 Minzblätter
1 kleine Chili
1 Knoblauchzehe (ohne Haut)
1 Handvoll geröstete Cashewnüsse
Saft von einer Zitrone
1 Teelöffel Rohrzucker
4 EL Traubenkernöl
Salz, Pfeffer

1 Koriander, Minzblätter, Chili, Knoblauch und Cashewnüsse grob hacken. Mit den restlichen Zutaten in eine Schale geben und alles gut durchmischen. Mit Salz und Pfeffer abschmecken.

4 Basilikum-Dip

Für 4 Personen | Zubereitungszeit 10 Min.

150 g fettarmer Joghurt
100 g Crème fraîche
1 großes Bund Basilikum
1 Handvoll Pistazienkerne
Schwarzer Pfeffer
Meersalz

1 Joghurt und Crème fraîche in eine Schüssel geben und mit dem Schneebesen cremig rühren.

2 Die Basilikumblätter von den Stielen zupfen, mit den Pistazienkernen grob hacken und zur Creme geben. Mit Salz und Pfeffer abschmecken und servieren.

Mediterranes Gemüse

Für 4 Personen | Zubereitungszeit 20 Min.

Marinade:
1 EL Fenchelsamen
1 TL Anissamen
8 EL Weißwein
1 EL brauner Zucker
1 Biozitrone
½ Bund glatte Petersilie
½ Bund Thymian
2 Stiele Salbei
10 EL Olivenöl
Gemüse:
2 Zucchini
1 Aubergine
2 Fenchelknollen
1 rote Paprika
4 rote Zwiebeln
Schwarzer Pfeffer
Meersalz

1 Fenchel- und Anissamen in einen Mörser geben und grob mahlen. Mit Weißwein und Zucker verrühren. Zitrone heiß abspülen, trocken reiben und in sehr feine Scheiben schneiden. Kräuter abspülen, trocknen und grob hacken.
Die vorbereiteten Zutaten und das Olivenöl in einer großen Schüssel mischen.

2 Das Gemüse putzen und in fingerdicke Scheiben schneiden. Die Gemüsescheiben bei mittlerer Hitze von jeder Seite ca. 5 Minuten über der Holzkohle grillen.

3 Das gegarte Gemüse in die Marinade geben, durchschwenken, mit Salz und Pfeffer abschmecken. Warm servieren.

Dazu passt Basilikum-Dip (Seite 68).

TIMS TIPP „Das fantastische Raucharoma veredelt nicht nur Fleisch, sondern zum Beispiel auch weißen Spargel. Kurz ankochen, schön bissfest rausnehmen, mit ein bisschen Olivenöl einpinseln, links und rechts angrillen, dann ein paar Brocken Parmesan darüber – fertig ist ein unglaubliches Geschmackserlebnis."

Spannende Kombination: süße Frucht mit scharfer Würze

Spicy Ananas

Für 4 Personen | Zubereitungszeit 15 Min. plus 30 Minuten fürs Einlegen

1 mittelgroße Ananas
1 Bund Koriander
1 rote Chili
2 EL Rohrzucker
Saft von 1 Orange
2 St. Sternanis
1 TL Szechuan-Pfeffer
1 Nelke

1 Die Ananas achteln und das holzige Innere wegschneiden. Koriander fein hacken, Chili längs halbieren, die Kerne entfernen und fein hacken. Sternanis, Szechuan-Pfeffer und Nelken in einem Mörser fein mahlen.

2 Alle Zutaten in einer Schüssel miteinander vermengen und die Ananas darin 30 Minuten einlegen.

3 Bei mittlerer Hitze von jeder Seite ca. 8 Minuten grillen. Immer wieder mit der restlichen Marinade bepinseln.

Spareribs gehören zum Barbecue wie Grillen zum Sommer

„Grillen ist für mich das gute Kochen. Das Raucharoma veredelt jedes Lebensmittel.“

Eis und heiß, mal anders: süßer Nachtisch vom Grill

Die Pilze haben rund 10 cm Durchmesser

Bevor es losgeht, sollten die Kolben vorgekocht werden

Zarte Wachteln: Geflügelfleisch de luxe

Betrunkene Nektarinen

Für 4 Personen | Zubereitungszeit 20 Min. plus 2 Std. Kühlzeit

8 Nektarinen
100 ml Tanqueray-Gin
30 ml Holundersirup
50 ml Rose's Lime Juice
100 ml Apfelsaft
2 Zweige Minze

1 Alle Zutaten, bis auf die Nektarinen, in eine Schale geben.

2 Die Nektarinen halbieren, entsteinen und dazugeben. Gut durchschwenken und ca. 2 Stunden kühl stellen.

3 Die Nektarinen in Alufolie einwickeln und bei mittlerer Hitze ca. 15 Minuten über Holzkohlen grillen. Heiß mit Vanilleeis servieren.

Gefüllte Portobello-Pilze

Für 4 Personen | Zubereitungszeit 30 Min.

2 Strauchtomaten
4 Scheiben Ciabatta
2 Stiele Basilikum
1 Stiel Oregano
2 Knoblauchzehen
3 Frühlingszwiebeln
3 EL Sonnenblumenöl
4 große Portobello-Pilze
Schwarzer Pfeffer
Meersalz
150 g Ziegenkäse

1 Die Tomaten waschen, trocknen und in kleine Würfel schneiden. Ciabattascheiben ebenfalls würfeln. Basilikum- und Oreganoblätter von den Stielen zupfen und klein hacken. Knoblauch schälen und fein hacken, Zwiebeln putzen und in Ringe schneiden.

2 Das Öl in einer Pfanne erhitzen, Ciabattawürfel und Knoblauch darin goldbraun braten. Zur Seite stellen und abkühlen lassen. Alle vorbereiteten Zutaten in eine Schüssel geben, mit Salz und Pfeffer abschmecken.

3 Die Pilze putzen, dabei die Stiele entfernen. Die vorbereitete Masse in die Pilze verteilen und den Ziegenkäse darüberbröseln.

4 Die Pilze auf dem Grill bei geschlossenem Deckel 5–7 Minuten garen.

Zitronen-Pfeffer-Mais

Für 4 Personen | Zubereitungszeit 20 Min. plus 1 Std. Kühlzeit

8 Maiskolben
250 g weiche Butter
1 Biozitrone, Abrieb und Saft
1 EL Chiliflocken
1 EL schwarzer Pfeffer, gemahlen
2 EL Meersalz
Blätter von 2 Zweigen Zitronenthymian
½ Bund glatte Petersilie

1 Alle Zutaten, bis auf den Mais, in der Küchenmaschine mit dem Schneidmesser gut miteinander verarbeiten. Die Gewürzbutter in Klarsichtfolie wickeln und ca. 1 Stunde ins Gefrierfach legen.

2 Die Maiskolben putzen und ca. 5 Minuten in kochendem Wasser blanchieren, danach mit kaltem Wasser abschrecken.

3 Die Maiskolben bei mittlerer Hitze ca. 5 Minuten grillen, dabei häufig wenden. Danach auf eine Platte geben.

4 Butter aus der Folie nehmen, in ca. 1 cm dicke Scheiben schneiden und auf den Maiskolben schmelzen lassen.

Wachteln in Granatapfel-Zimt-Marinade

Für 4 Personen | Zubereitungszeit 20 Min. plus 4 Std. für das Marinieren

4 EL Granatapfelsirup
4 EL Maulbeersirup
3 EL Olivenöl
1 EL Zimtpulver
Abrieb von einer Bio-Orange
Schwarzer Pfeffer
8 Wachteln (vom Schlachter halbieren lassen)
Meersalz

1 Granatapfelsirup, Maulbeersirup, Olivenöl, Zimt, Orangenabrieb und Pfeffer in einem großen Gefäß mit dem Schneebesen verrühren. Die Wachteln in die Marinade geben, rundum einreiben und mindestens 4 Stunden kühl stellen.

2 Wachteln aus der Marinade nehmen, mit Meersalz würzen und auf den heißen Holzkohlegrill legen. Während des Grillvorgangs immer wieder wenden und mit der Marinade bepinseln, ca. 12 Minuten bei mittlerer Hitze garen.

Dazu passt Koriander-Minz-Chutney **(Seite 68).**

Die Grillspieße kennt man aus der arabischen Küche

Lamm Şiş Kebab

Für 4 Personen | Zubereitungszeit 20 Min. plus 30 Minuten Kühlzeit

4 Frühlingszwiebeln
1 grüne Chili
3 Knoblauchzehen, ohne Haut
1 Bund glatte Petersilie
½ Bund Koriander
500 g Lammhack
1 TL Kirmizi Biber (Paprikapulver)
1 TL Sumac
4 Metallspieße

1 Die Zwiebeln putzen, mit Chili, Knoblauch, Petersilie und Koriander fein hacken. Mit den restlichen Zutaten in einer großen Schüssel ca. 2 Minuten kräftig zusammenkneten, abdecken und 30 Minuten kühl stellen.

2 Fleisch portionsweise mit feuchten Händen um die Metallspieße formen und auf dem Holzkohlegrill ca. 8 Minuten garen. Spieße dabei öfter wenden.

Dazu passt Walnuss-Dill-Dip (Seite 68).

Jetzt haben wir den Salat

Beim Grillen machen Männer das Feuer und Frauen die Salate, meint Tim Mälzer. Mit seinen zehn Rezepten schmeckt's allen

Babymangold mit Kräutern und Parmesan
Das Blattgemüse aus dem Mittelmeerraum erinnert geschmacklich an Spinat

Babymangold mit Kräutern und Parmesan

Für 4 Personen | Zubereitungszeit 20 Min.

400 g Babymangold
1 Bund Basilikum
½ Bund glatte Petersilie
3 Stiele Minze
½ Bund Kerbel
1 Bio-Orange
2 EL Anchovisöl
4 EL Olivenöl
1 EL Dijonsenf
80 g Parmesankäse

1 Mangold waschen, trocken schleudern. Basilikum-, Petersilien- und Minzblätter von den Stielen zupfen und mit dem Kerbel grob schneiden. Die Orange heiß abspülen, trocknen, fein abreiben und den Saft auspressen.

2 Orangenabrieb, Saft, Anchovisöl, Olivenöl und Senf in einer kleinen Schüssel miteinander vermengen.

3 Mangold und die Kräuter auf eine Platte geben und mit dem Dressing beträufeln. Vor dem Servieren den Parmesankäse grob über den Salat reiben.

Feldsalat mit Gurken, Minze und Erdbeeren

Für 4 Personen | Zubereitungszeit 40 Min.

200 g Feldsalat
3 Minigurken
3 Stiele Minze
500 g Erdbeeren
1 EL Fenchelsamen
1 TL schwarzer Pfeffer
1 TL rosa Pfeffer
6 EL Rapsöl
3 EL Weißweinessig
2 Schnapsgläser Wodka
Meersalz
3 EL Hagelzucker

1 Feldsalat putzen, waschen und trocken schleudern. Gurken schälen, längs halbieren und mit einem Teelöffel die Kerne entfernen. Danach in feine Scheiben schneiden. Die Minzblätter von den Stielen zupfen, die Erdbeeren verlesen, putzen, waschen und halbieren.

2 Fenchelsamen, schwarzen und rosa Pfeffer im Mörser grob zerstoßen. Mit Öl, Essig und Wodka vermengen.

3 Gurken, Minzblätter und Erdbeeren in eine Salatschale geben und mit der Vinaigrette mischen. Mit Salz abschmecken und 5 Minuten ziehen lassen.

4 Den Feldsalat dazugeben, einmal durchschwenken, mit dem Hagelzucker bestreuen und sofort servieren.

Feldsalat mit Gurken, Minze und Erdbeeren

Feldsalat ist frisch, wenn die Blätter sattgrün gefärbt sind – und er harmoniert gut mit Obst

Wiederentdecktes Gemüse: der Portulak

Der leicht bittere Chicorée ergänzt sich mit der süßen Melone

Portulak-Rote-Bete-Salat mit Cottage Cheese

Für 4 Personen | Zubereitungszeit 60 Min.

5 Rote-Bete-Knollen, mittelgroß
2 Bund Portulak
1 Biozitrone
1 Handvoll Walnüsse
1 St. frischer Meerrettich, ca. 4 cm lang
250 g Cottage Cheese (körniger Frischkäse)
3 EL Olivenöl
Schwarzer Pfeffer
Meersalz

1 Rote Bete in heißem Wasser ca. 40 Minuten köcheln lassen. Abgießen, mit kaltem Wasser abschrecken, die Schale abziehen, in Scheiben schneiden. Portulak putzen, waschen und vorsichtig trocken schleudern. Zitrone heiß abwaschen, trocknen, abreiben und den Saft auspressen. In einer Pfanne ohne Öl die Nüsse ca. 2 Minuten knusprig braten.

2 In einer Schüssel die Rote Bete, den Zitronenabrieb und den Saft vermengen, mit Salz und Pfeffer würzen. Portulak dazugeben und den frischen Meerrettich fein darüberreiben.

3 Cottage Cheese und geröstete Walnüsse dazugeben und mit Olivenöl beträufeln. Sofort servieren.

TIMS TIPP „Bei Salat habe ich eine ganz einfache Dreiermentalität: ein Grundsalat, etwas Fisch oder Fleisch und ein Gemüse wie Tomate oder geschmorte Karotte. Dazu ein schönes Dressing und vielleicht etwas Käse oder Nüsse, damit die Zähne auch mal was zu knacken haben. Traut euch, mit verschiedenen Komponenten zu spielen! Es gibt kein Gemüse und auch kein Obst, das man nicht in einem Salat verarbeiten kann."

Chicorée-Melonen-Salat

Für 4 Personen | Zubereitungszeit 30 Min.

4 Chicorée
¼ Wassermelone
1 Handvoll schwarze Kalamata-Oliven
3 Zweige Thymian
Saft von 1 Limette
4 EL Agavendicksaft
6 EL Olivenöl
250 g cremiger Ziegenkäse
Schwarzer Pfeffer
Meersalz

1 Chicorée vierteln, den harten Strunk entfernen, waschen und trocken schleudern. Wassermelone schälen, Kerne entfernen, Fruchtfleisch in grobe Stücke schneiden. Oliven entsteinen. Alles auf einer große Platte anrichten.

2 Thymianblätter von den Zweigen zupfen und mit dem Limettensaft, Agavendicksaft und Olivenöl vermengen. Die Vinaigrette über den Salat träufeln.

3 Den Ziegenkäse über dem Salat zerbröseln, mit frisch gemahlenem Pfeffer und Salz würzen. Sofort servieren.

Rucola-Salat mit Forellenbirnen

Für 4 Personen | Zubereitungszeit 30 Min.

2 Bund Rucola
1 kleiner Topf Minze
1 Topf Thai-Basilikum
1 weiße Zwiebel
1 kleine reife Mango
3 Forellenbirnen
1 EL Thai-Fischsauce
3 EL Rohrzucker
Saft von 1 Limette
2 EL Sesamöl
2 EL Traubenkernöl
50 ml Kokosmilch

1 Rucola waschen und in einer Salatschleuder trocknen, Minz- und Thai-Basilikumblätter von den Zweigen zupfen, weiße Zwiebel schälen und in sehr feine Ringe schneiden.

2 Die Mango schälen und das Fruchtfleisch in dünnen Scheiben vom Stein schneiden. Die Birnen vierteln, entkernen und ebenfalls in dünne Scheiben schneiden. Die vorbereiteten Zutaten in eine große Salatschüssel geben und zur Seite stellen.

3 Die restlichen Zutaten vermischen und über den Salat geben. Salat durchschwenken und 5 Minuten ziehen lassen. Danach servieren.

Die Forellenbirne sieht gut aus und schmeckt auch so!

TIMS TIPP „Der etwas bittere Rucola funktioniert als Beimischung zu anderen Salaten besonders gut. Er bringt zum Beispiel Würze in einen Römersalat, der ja geschmacklich eher flach ist und durch den Rucola ein bisschen gekickt wird."

Endivien-Cranberry-Fenchel-Salat

Für 4 Personen | Zubereitungszeit 30 Min.

1 kleine Endivie
2 Fenchelknollen
2 EL Zucker
1 Handvoll getrocknete Cranberrys
3 EL Balsamico-Essig
100 ml Orangensaft
Schwarzer Pfeffer
Meersalz

1 Den Endiviensalat putzen, den Strunk entfernen, waschen und trocken schleudern. Den Fenchel putzen, die äußeren harten Blätter entfernen und mit dem Gemüsehobel in hauchdünne Scheiben schneiden. In einer Schüssel mit eiskaltem Wasser beiseitestellen.

2 In einer Pfanne 4 EL Wasser mit dem Zucker zum Kochen bringen, die Cranberrys dazugeben und mit einem Holzlöffel rühren, bis die Beeren leicht karamellisiert sind, mit Basalmico-Essig und Orangensaft ablöschen, aufkochen und vom Herd nehmen.

3 Fenchel abgießen und mit der Endivie in eine Schüssel geben. Mit Salz und Pfeffer würzen, das Cranberry-Dressing über den Salat gießen, gut vermischen und servieren.

Endivie heißt mancherorts auch Friséesalat

Salat international: Mit Kokos wird's tropisch ...

... mit Cantaloupe-Melone ein wenig italienisch ...

Radicchio-Sellerie-Kokosnuss-Salat

Für 4 Personen | Zubereitungszeit 45 Min.

3 Radicchioknollen
2 Knoblauchzehen
Saft und Schale von 1 Limette
8 Stangen Sellerie
Fleisch von einer ½ frischen Kokosnuss
8 EL griechischer Joghurt
Schwarzer Pfeffer
Meersalz
Je 1 Handvoll Koriander- und Petersilienblätter

1 Radicchio vierteln, den harten Strunk entfernen, in kaltem Wasser waschen, trocken schleudern und in sehr feine Streifen schneiden. Die Knoblauchzehen schälen und fein hacken. Stangensellerie waschen und putzen und in dünne Scheiben schneiden. Das Kokosnussfleisch fein reiben.

2 Joghurt, Knoblauch, Limettenabrieb und -saft in eine Schüssel geben und mit Salz und Pfeffer würzen. Radicchio, Kokosnuss und Sellerie hinzufügen und vermengen. 20 Minuten ziehen lassen.

3 Vor dem Servieren mit Petersilie und Koriander garnieren.

Brunnenkresse-Melonen-Salat

Für 4 Personen | Zubereitungszeit 20 Min.

2 Bund Brunnenkresse
1 kleine Cantaloupe-Melone
150 g Himbeeren
3 EL Himbeeressig
6 EL Walnussöl
Sonnenblumenöl zum Braten

1 Die Brunnenkresse putzen, waschen und trocken schleudern. Melone eventuell schälen, halbieren, Kerne entfernen, Fruchtfleisch in Spalten schneiden.

2 Die Himbeeren verlesen, vorsichtig waschen und mit Himbeeressig und Walnussöl mischen. Mit Salz und Pfeffer würzen und zur Seite stellen.

3 Etwas Öl in einer Grillpfanne stark erhitzen und die Melonenspalten nach und nach ca. 20 Sekunden je Seite braten.

4 Die Brunnenkresse mit Melonenspalten auf eine Platte geben, mit Himbeerdressing beträufeln. Sofort servieren.

Orientalischer Möhrensalat

Für 4 Personen | Zubereitungszeit 30 Min.

1 Bund Karotten
8 EL Olivenöl
2 Knoblauchzehen
1 TL Curry
Saft und Schalenabrieb von 2 Biozitronen
1 EL Honig
Salz, Pfeffer
50 g blanchierte Mandeln
1 Bund glatte Petersilie
50 g Rosinen

... Mandeln sorgen für einen Hauch von Orient ...

... und auch Aubergine mit Rucola kommt mediterran daher

1 Die Möhren schälen und putzen, eventuell längs halbieren.

2 4 EL Öl in einer großen Pfanne erhitzen, Knoblauchzehen mit Schale anquetschen und zusammen mit den Möhren in die Pfanne geben. Rundherum anbraten, dann mit Curry bestäuben und mit Zitronensaft ablöschen. 50 ml Wasser angießen und offen verkochen lassen, bis die Möhren bissfest gegart sind. Mit Salz Pfeffer und Honig würzen, auf eine flache Platte geben und abkühlen lassen.

3 Mandeln in einer Pfanne ohne Fett goldbraun rösten, herausnehmen und abkühlen lassen. Dann grob hacken.

4 Petersilienblättchen von den Stielen zupfen, fein hacken, mit Mandeln, Rosinen, Zitronenschale und dem restlichem Olivenöl in einer Schüssel vermengen. Über den Salat streuen und servieren.

Warmer Rucola-Auberginen-Salat

Für 4 Personen | Zubereitungszeit 45 Min.

2 Bund Rucola
2 Auberginen
6 Flaschentomaten
2 Koblauchzehen
1 grüne Chilischote
½ Bund glatte Petersilie
1 Bund Dill
2 Frühlingszwiebeln
2 EL Olivenöl
Schwarzer Pfeffer
Meersalz
Saft von 1 Zitrone

1 Rucola in kaltem Wasser waschen, trocken schleudern und zur Seite stellen, die Auberginen putzen, in kleine Würfel schneiden und mit Salz überstreuen. Die Tomaten in große Würfel schneiden, Knoblauch schälen und mit Chili, Petersilie und Dill zusammen klein hacken. Frühlingszwiebeln putzen und in lange Streifen schneiden.

2 Das Öl in einer großen Pfanne erhitzen, Auberginen hineingeben und ca. 3 Minuten unter ständigem Rühren anbraten. Tomatenwürfel dazugeben und weitere 2 Minuten braten lassen. Knoblauch, Petersilie und Dill hineingeben, zweimal durchschwenken und die Pfanne vom Herd nehmen, mit Salz und Pfeffer abschmecken.

3 Rucola, Zitronensaft und Frühlingszwiebeln in die Pfanne geben und einmal durchschwenken. Mit knusprigem Fladenbrot servieren.

Küchenkunde: Messer

Ein gutes Messer ist eine Anschaffung fürs Leben. Doch welches Werkzeug braucht man wirklich? Unsere Messer-Parade hilft bei der Entscheidung

1| Santokumesser: Das scharfe japanische Allzweckmesser schneidet Fleisch, Fisch, Gemüse. Hier ein Modell aus Damaszenerstahl (Tim-Mälzer-Edition von KAI, um 200 €).

2| Tomatenmesser: Dank Wellenschliff und Sägezahnung schneidet es glatt sogar durch die zähe Tomatenhaut, die gegabelte Spitze nimmt die Scheiben auf (Wüsthof, ca. 20 €).

3| Filiermesser: Mit seiner flexiblen, elastischen Klinge lässt sich Fleisch hauchdünn schneiden sowie Fisch enthäuten und entgräten (Wüsthof, ca. 70 €).

4| Parmesanmesser: Mit diesem speziellen Käsemesser kann man gut Stückchen von einem Block Parmesan abspalten (Herder Windmühlenmesser, um 60 €).

5| Schälmesser: Findet man auch unter der Bezeichnung Tourniermesser. Die gebogene Klinge passt sich beim Schälen den Rundungen von Obst, Gemüse und Kartoffeln an (Wüsthof, ca. 40 €).

6| Schinkenmesser: Dank der schmalen, langen Form schneidet es feine Scheiben von großen Schinkenstücken. Auch geeignet als Tranchiermesser (Güde, ca. 100 €).

7| Kräutermesser: Die gewölbte Schneide ist perfekt für das Wiegen von Kräutern. Auch Nüsse und Samen kann man damit gut zerkleinern (Güde, um 100 €).

8| Kochmesser: Das traditionelle europäische Schneidewerkzeug gilt als Universalmesser – seine Klinge misst zwischen 14 und 25 cm (Güde, um 100 €).

9| Küchenmesser: Bei Modellen mit Kullenschliff, wie hier, entstehen Luftpolster, die das Ankleben von dünnen Scheiben an der Klinge verhindern (Wüsthof, ca. 70 €).

10| Brotmesser: Der Wellenschliff arbeitet sich problemlos durch jede Kruste, dank der langen Klinge auch bei großen Laiben (Tim-Mälzer-Edition von KAI, ca. 200 €).

11| Vielzweckmesser: Kann alles: Gemüse zerkleinern, Salami schneiden, Fisch bearbeiten. Besonders scharf mit dem „Solinger Dünnschliff" (Herder Windmühlenmesser, ca. 50 €).

12| Gemüsemesser: Mit der kurzen, geraden Klinge kann man sauber Obst und Gemüse putzen, zerkleinern oder dekorativ bearbeiten (Herder Windmühlenmesser, um 10 €).

13| Ausbeinmesser: Das spitze Werkzeug löst Knochen aus Fleisch, entfernt Sehnen und Fett (Wüsthof, ca. 30 €).

14| Wetzstahl: Zum Schärfen von leicht stumpf gewordenen Messern. Achtung: nur für europäische Klingen geeignet (Güde, ab 50 €).

Die 33 wichtigsten FRAGEN zur Ernährung

Gerade im Bereich der Lebensmittel kann man leicht den Überblick verlieren: Was sind wirklich seriöse Erkenntnisse und wer tischt uns nur Halbwahrheiten und hartnäckige Mythen auf? Wir servieren Ihnen verlässliche Antworten

1. Sind fettarme Lebensmittel tatsächlich besser für das Herz?

Dafür gibt es keinen wissenschaftlichen Beweis. Zahlreiche Studien konnten keinen Zusammenhang finden zwischen dem Konsum fettreicher Milchprodukte und einem erhöhten Risiko für koronare Herzkrankheiten. „Zwei Studien aus Schweden ergaben, dass reichlicher Konsum von fetten Milchprodukten die Herz- und Hirngefäße sogar schützen könnte", sagt die Ernährungswissenschaftlerin Ulrike Gonder.

2. Machen Light-Produkte wirklich schlank?

Ob kalorienreduziert, fettarm oder zuckerfrei – Tim Mälzer hält es nach seinen Recherchen für einen Irrglauben, mit Light-Produkten abnehmen zu können: „Für mich haben die keinen Sinn. Nicht Sahne oder Fett im Käse machen dick, sondern die Mengen, die man isst." Außerdem enthalten Light-Produkte oft fragwürdige Ersatzstoffe. „Bei Light-Getränken etwa kommt statt Zucker verstärkt Aspartam zum Einsatz – ein Stoff, der in der Schweinemast als Appetitanreger eingesetzt werden soll", so Mälzer. Das heißt: „Man nimmt zwar weniger Kalorien zu sich, bekommt aber gleichzeitig mehr Hunger."

3. Welchen Nutzen haben probiotische Joghurts?

Das ist umstritten. Unabhängige Forscher zweifeln die Herstellerstudien dazu an, schreibt Autor Hans-Ulrich Grimm in seinem Buch „Die Ernährungsfalle" (Heyne). Ob probiotische Produkte hilfreich sind, sei fraglich. Die angeblich gesunden Bakterien im Joghurt können sogar unkontrollierte Entzündungsreaktionen auslösen. Einige Wissenschaftler bemängeln, dass es an Langzeitstudien zu Auswirkungen der künstlichen Zufuhr von Bakterien fehlt.

4. Ist Weißbrot wirklich ungesund?

Zumindest kann es mit Vollkornbrot nicht mithalten, denn im Vergleich enthält Weißbrot rund zwei Drittel weniger Mineralstoffe und nur halb so viel Vitamine und Ballaststoffe. Das liegt am Weißmehl, in dem nur noch wenige der gesunden Kornbestandteile vorhanden sind. Natürlich kann man trotzdem gelegentlich Weißbrot essen.

5. Sind deutsche Milchprodukte frei von Gentechnik?

Nein. Genmais oder Gensoja im Tierfutter ist nicht kennzeichnungspflichtig. Daher gelangen diese Pflanzen über die Tiere auf den Teller der Verbraucher, denn viele große Hersteller verzichten nicht auf Genpflanzen beim Tierfutter. Weitere Informationen zum Thema bietet der Ratgeber „Essen ohne Gentechnik" von Greenpeace.

6. Woher stammt eigentlich Wildfleisch?

Wild ist für viele Feinschmecker ein ganz besonderer Genuss. Laut Aid Infodienst entfällt weniger als ein Prozent des gesamten Fleischverbrauchs heute auf die verschiedenen Wildarten. Etwa 60 Prozent des auf unserem Markt erhältlichen Angebots stammen aus Deutschland, entweder von frei lebenden Tieren, die gejagt werden, oder aus Gatterhaltung.

7. Wie viel Fleisch ist gut für den Menschen?

Im Schnitt isst jeder Bundesbürger ein gutes Kilo Fleisch und Wurst pro Woche – die Deutsche Gesellschaft für Ernährung empfiehlt jedoch nur etwa 300 bis 600 Gramm. Diese Menge versorgt uns ausreichend mit den entsprechenden Mineralstoffen und Vitaminen. Fettarme Produkte sollten bevorzugt werden.

8. Sind tierische Fette wirklich so schädlich für das Herz wie behauptet?

Jüngere Studien zeigen, dass es – entgegen langjähriger Behauptungen – keinen Zusammenhang zwischen dem Verzehr gesättigter Fettsäuren aus vorwiegend tierischen Lebensmitteln und dem Risiko für Herz-Kreislauf-Erkrankungen gibt. Als gefährlicher gelten Transfettsäuren: Sie entstehen unter anderem beim Frittieren und bei der Teilhärtung pflanzlicher Öle, etwa bei Industriegebäck. Zu erkennen wären sie in der Zutatenliste als „Pflanzliche Öle, teilgehärtet". Als solche sind sie allerdings nicht kennzeichnungspflichtig, somit von weniger schädlichen durchgehärteten Fetten nicht zu unterscheiden. Im Zweifel sollte man lieber auf gehärtete Fette verzichten.

9. Ist Margarine grundsätzlich besser als Butter?

Als pflanzliches Fett enthält Margarine vor allem ungesättigte Fettsäuren, die positiv auf den Körper wirken – daher kommt ihr guter Ruf. Trotzdem kann Margarine einen großen Anteil gehärteter Fette enthalten (siehe Frage 8) – eine solche Margarine wäre dann schlechter als beispielsweise eine gute Biobutter aus Weidehaltung.

10. Haben cholesterinsenkende Produkte einen vorbeugenden Effekt?

Nein. Wenn überhaupt, dann sollten nur Personen mit einem erhöhten Cholesterinwert Joghurt, Margarine, Käse oder sonstige mit Pflanzensterinen angereicherte Lebensmittel essen, und das auch nur nach Rücksprache mit ihrem behandelnden Arzt, warnen Verbraucherschützer.

11. Worauf muss man achten, wenn man Eier aus Käfighaltung meiden will?

Die Haltungsform ist auf der Schale abzulesen: 3 steht für Käfig-, 2 für Boden-, 1 für Freiland- und 0 für Biohaltung. Übrigens: Eier, die in Industrieprodukten wie Gebäck, Nudeln oder Desserts verarbeitet werden, stammen meist aus Käfighaltung.

12. Sind Frühstücks-Cerealien wirklich gesund?

Gegen ein Müsli mit Nüssen und Getreide ist nichts einzuwenden. Sehr viele Cerealien bestehen allerdings zu 30 bis 40 Prozent aus Zucker, beklagen Verbraucherschützer.

13. Ist magenschonend veredelter Kaffee besonders hochwertig?

Im Gegenteil. Es handelt sich oft um minderwertigen Rohkaffee aus Vietnam, dem vor dem Rösten unerwünschte Säuren und Aromen entzogen werden. Ein Teil dieser geschmacksneutralen Bohnen wird den Markenmischungen als Füllstoff beigefügt.

14. Sind ACE-Getränke die besseren Säfte?

Nein. Sie sind kein adäquater Ersatz für gesunde Kost. Außerdem können Betacarotin-Zusätze laut Studien das Lungenkrebsrisiko bei Rauchern erhöhen.

15. Was taugen die vielen Wellness-Drinks?

Der Blick aufs Etikett verrät es: Meist sind sie nichts weiter als mit Zucker, Aromen und Zusatzstoffen versetztes Wasser.

16. Sind zu viele Eier schädlich?

Das Ei hat ein schlechtes Image: Sein Dotter ist recht fetthaltig und enthält tatsächlich relativ viel Cholesterin. Bislang konnte allerdings keine größere Studie einen Zusammenhang zwischen dem Risiko für Herz-Kreislauf-Erkrankungen und dem Verzehr von Eiern feststellen – durch Eierspeisen allein steigt der Cholesterinspiegel also nicht. Es wäre auch wirklich schade, auf Eier zu verzichten, denn sie liefern hochwertigeres Eiweiß als Fleisch und Milch und sind reich an den Vitaminen A, B und an Eisen.

17. Wie gefährlich sind künstliche Farbstoffe?

Zumindest einige von ihnen sind immerhin so bedenklich, dass Produkte, in denen sie vorkommen – häufig Limos und bunte Süßigkeiten –, den Warnhinweis tragen: „Kann Aktivität und Aufmerksamkeit von Kindern beeinträchtigen". Zu diesen Stoffen zählen Tartrazin (E 102), Chinolingelb (E 104), Gelborange S (E 110), Azorubin (E 122), Cochenillerot A (E 124) und Allurarot AC (E 129).

18. Sind Nahrungsmittel „ohne Zucker" wirklich zuckerfrei?

Nein, denn auch zuckerfreie Lebensmittel dürfen noch bis zu 0,5 Gramm Zucker pro 100 Gramm oder 100 Milliliter enthalten. Dazu stecken in manchen Produkten weitere Zuckerarten mit anderen Namen wie Glukose, Laktose oder Dextrose. Auch sie können zulasten der Gesundheit gehen.

19. Ist Fruchtzucker gesunder Zucker?

So soll es klingen, schließlich kommt er in Honig und allen Früchten vor – doch gesund ist er trotzdem nicht. Industriell hergestellter Fruchtzucker wird in der Regel aus Maisstärke gewonnen, ist für die Zähne so schlecht wie Kristallzucker, schmeckt noch süßer, und der Blutzuckerspiegel erhöht sich langsamer. Dadurch bleibt das Sättigungsgefühl aus, und man isst mehr.

20. Ist Selbstgekochtes immer gesünder?

„Zumindest weiß man dann genau, was drin ist", sagt Tim Mälzer. „Und wenn man sich ein bisschen mit dem Thema auseinandersetzt, geht selber kochen sogar schneller, ist auf lange Sicht günstiger und nach meiner Meinung auch definitiv vollwertiger. Außerdem empfindet man sein Essen als hochwertiger, wenn man für den Genuss eine Arbeit verrichten muss, anstatt bloß eine Tüte aufzureißen. Ich glaube nicht, dass man dann noch Respekt vor seiner Mahlzeit hat."

21. Wie gut sind Kinderlebensmittel?

Stiftung Warentest kam zu dem Ergebnis, dass diese Waren oft üppig mit Vitaminen angereichert sind, was Gesundheit suggerieren soll, aber überflüssig ist. Obst und Gemüse sind kaum enthalten, dafür jedoch Zucker, Fett und Zusatzstoffe.

22. Welche Vorteile haben spezielle Diabetikerprodukte?

So gut wie keinen, sagen Forscher. Daher hat die Bundesregierung beschlossen, sie ab 2012 vom Markt verschwinden zu lassen.

23. Zerstört die Mikrowelle Vitamine?

Nicht mehr als andere Garmethoden auch: 20 bis 30 Prozent der Vitamine gehen beim Garen immer verloren. Beim Auftauen und Wiedererwärmen gelten Mikrowellen sogar als das schonendste Verfahren.

24. Ist die Lebensmittelkennzeichnung für Allergiker ausreichend?

Nein, meinen Experten, es fehlen genaue Grenzwerte. Einige Hersteller schreiben auf die Verpackung: „Kann Spuren von ... enthalten", um sich dadurch juristisch abzusichern. „Der Warnhinweis wird aber auch verwendet, wenn keine Spuren enthalten sind", erklärt Prof. Torsten Zuberbier, Leiter der Europäischen Stiftung für Allergieforschung ECARF an der Berliner Charité. ECARF vergibt eigene Siegel für allergikerfreundliche Produkte.

25. Gibt es Qualitätskriterien für gute Schokolade?

Gute Schokolade hat wenige Zutaten: echte Kakaomasse, echte Kakaobutter, Zucker, Milch (bei Milchschokolade), Vanille oder andere aromatisierende Beigaben. Kenner bevorzugen Produkte ohne Fremdfette wie Palmöl oder sonstige Zusatzstoffe.

26. Gibt es die ideale Ernährung?

„Bestimmt", sagt Tim Mälzer. Doch eine allgemeingültige Formel gibt es nicht: „Ernährung muss dem persönlichen Umfeld angepasst sein und wird auch nicht einmal festgelegt und dann für alle Zeiten in Beton gegossen. Ein 20-Jähriger wird anders essen als ein 80-Jähriger." Jeder muss seine individuell beste Ernährung finden.

27. Wie sehr sind Obst und Gemüse mit Pestiziden belastet?

Grenzwerte, die es für jedes Pestizid gibt, werden mittlerweile seltener überschritten. „Dafür ist heute eine größere Bandbreite verschiedener Pestizide im Umlauf als vor Jahren, sodass wir auf einer Frucht mehrere Substanzen finden", sagt Manfred Santen von Greenpeace. Wer Pestizide nach Möglichkeit meiden möchte, sollte Bioprodukte kaufen – die sind weniger belastet.

28. Was sättigt pro Kalorie am meisten?

Tolle Sattmacher sind Proteine aus pflanzlichen Lebensmitteln wie Hülsenfrüchten und aus tierischen Produkten wie magerem Fleisch oder Fisch. Auch wenig verarbeitete Kohlenhydrate aus Getreide oder Gemüse und Obst sind gut. Am allerbesten jedoch sättigen zwei Gläser Wasser vor jeder Mahlzeit: Die haben gar keine Kalorien, sparen aber welche, weil man durch das Trinken vorab weniger isst.

29. Müssen Vegetarier mit Mangelerscheinungen rechnen?

Wenn sie die im Fleisch enthaltenen Nährstoffe wie Eisen, Zink oder Vitamin B_{12} durch pflanzliche Lebensmittel ersetzen, besteht die Gefahr nicht. Oft decken beispielsweise Milchprodukte und Eier diesen Bedarf. Auch ausreichend Getreide, Obst und Gemüse sind für Vegetarier wichtig.

30. Welches Öl ist am gesündesten?

Ernährungsphysiologisch liegt Rapsöl ganz weit vorn: Es kann ein optimales Verhältnis von einfach und mehrfach ungesättigten Fettsäuren vorweisen – das gilt unter Experten als besonders gesund.

31. Macht abends essen dick?

Nicht grundsätzlich – nach Aussagen des Adipositas-Beraters Dr. Detlef Pape machen nur Kohlenhydrate am Abend dick. „Demnach verarbeitet der Körper Kartoffeln oder Nudeln abends anders als vor 16 Uhr", sagt Andreas Knuffmann, Regisseur und Autor der Doku „Deutschland isst ... mit Tim Mälzer: Richtig schlank?". „Wenn man schon im Ruhemodus ist, wandelt der Körper Kohlenhydrate deutlich stärker in Fettpölsterchen um als tagsüber."

32. Ist Tafelwasser besser als Mineralwasser?

Nein, Tafelwasser ist weniger hochwertig, als der Name vermuten lässt: Es ist kein Naturprodukt, sondern ein Gemisch verschiedener Wasserarten, die mit Mineralstoffen oder Kohlensäure versetzt sein können. Mineralwasser hingegen wird aus natürlichen, unterirdischen Quellen gewonnen, darf nur geringfügig behandelt werden und gilt als eines der am strengsten kontrollierten Lebensmittel in Deutschland.

33. Darf man PILZE ein zweites Mal aufwärmen?

Früher hielt man das für schädlich – inzwischen weiß man, dass es unbedenklich ist, solange das Gericht schnell abkühlt, in einem geschlossenen Gefäß im Kühlschrank lagert und am nächsten Tag wieder vollständig erhitzt wird. Länger als einen Tag sollte man schon gekochte Pilze aber lieber nicht aufbewahren.

„Kräuter bringen Abwechslung in die Küche.“

Küchenkunde: Kräuter

Ob Rosmarin-Kartoffeln oder Basilikum-Pesto – Kräuter verleihen vielen Gerichten den letzten Schliff. Und das Beste ist: Auf der Fensterbank kann sie jeder selbst ziehen

1 Basilikum ist ein Klassiker in der italienischen Küche. Es passt hervorragend zu Tomaten und steckt in fast jedem Pesto.

2 Bohnenkraut verfeinert, wie der Name sagt, Bohnen in jeder Form: als pures Gemüse, als Füllung oder im Salat.

3 Dill heißt auch Gurkenkraut und eignet sich wunderbar für Salatsaucen oder zum Würzen von Fischgerichten.

4 Estragon hat, frisch geerntet, ein leichtes Anisaroma, würzt Geflügel oder Reis und gehört auch in die Sauce béarnaise.

5 Glatte Petersilie wird oft roh benutzt, etwa für kalte türkische Gerichte.

6 Kerbel erinnert geschmacklich an Petersilie und kommt vor allem bei Suppen, Salaten und Saucen zum Einsatz.

7 Koriander gibt Gerichten eine typische asiatische Note: Das Kraut schmeckt würzig scharf und gleichzeitig zitronenähnlich. Oft werden auch die Koriandersamen benutzt.

8 Lorbeer passt hervorragend zu Suppen und Eintöpfen. Weil sich der Geschmack nur langsam entfaltet, werden die Blätter mitgekocht.

9 Minze schmeckt durch das enthaltene Menthol sehr frisch. Obstsalate und Süßspeisen lassen sich mit Minze verfeinern.

10 Rosmarin wird oft in der mediterranen Küche verwendet. Das leicht bittere Kraut würzt Lamm, Geflügel und Kartoffeln.

11 Schnittlauch ist mit seinem milden Geschmack vielseitig einsetzbar, etwa für Saucen, Salate oder Quarkspeisen.

12 Thymian ist fester Bestandteil der französischen Küche und passt besonders gut zu Schmorgerichten.

Tims Tipp „Majoran und Oregano sind die einzigen Kräuter, die ich getrocknet benutze. Im Vergleich zur frischen Variante empfinde ich ihren Geschmack als italienischer.“

Küchenkunde: Gewürze

Ohne sie würden die meisten Speisen sehr fade schmecken, denn Gewürze sind das sprichwörtliche Salz in der Suppe. Für alle gilt dabei: Auf die richtige Dosis kommt es an

1 Cayennepfeffer besteht aus gemahlenen Chilis und gibt vielen Fleischgerichten feurige Schärfe. Bitte sparsam einsetzen!

2 Fenchelsamen passen besonders gut zu Fischgerichten, häufig werden sie auch in der indischen Küche verarbeitet.

3 Kardamom ist ein asiatisches Gewürz, dessen ätherisches Öl süßlich scharf schmeckt. Es steckt etwa in indischen Masalas.

4 Kurkuma heißt auch Gelber Ingwer und färbt als Pulver viele Speisen ein. Es ist wesentlicher Teil des Currypulvers.

5 Muskat würzt vor allem Kartoffelgerichte, Suppen und Eintöpfe. Am besten frisch reiben!

10 Zimt aromatisiert vor allem Weihnachtsgebäck und Tee, gibt wohldosiert aber auch Hauptgerichten eine exotische Note.

11 Zucker ist nicht nur für Desserts fast unverzichtbar, sondern rundet ebenso gut manch herzhafte Speise ab.

TIMS TIPP „Das Essen ist zu salzig, zu scharf, zu sauer? Die Rettung heißt Zucker! Fügt man etwas Süße hinzu, kommen andere Geschmäcker nicht mehr ganz so stark durch."

6 Pfeffer gibt's in Schwarz, Grün, Weiß und Rot. Ganze Körner behalten ihr Aroma am längsten – darum lieber Pfeffermühlen verwenden.

7 Salz würzt fast alle Speisen. Für Salzwasser reicht feines Kochsalz, Speisen werden mit grobkörnigen Sorten wie Fleur de Sel veredelt.

8 Sternanis hat einen leichten Lakritzgeschmack und würzt Gebäck, aber auch süßsaure Schweinefleischgerichte.

9 Vanille ist sehr mild und für Süßspeisen wie Pudding und Eis beliebt. Man kann sie aber auch für Fleisch- und Fischgerichte einsetzen.

TIMS TIPP „Zitrone ist zwar kein Gewürz, verfeinert aber viele Speisen. Denn Säure gehört zu unseren Grundgeschmäckern und bringt oft auch Süße erst richtig zur Geltung."

Gewicht ist ihm egal – nur fürs Foto geht Tim Mälzer auf die Waage

Achte auf deine Linie

Schlank zu sein gilt als optisches Ideal. Oft wird darum auf die Wirkung von Diäten vertraut – aber was bringen die wirklich? Und noch viel wichtiger: Wie sehr muss man sich dafür verbiegen?

FOTOS: NDR/MAX LEIST (2)

Bis zu fünf Diäten hat jeder dritte Deutsche schon hinter sich – und nimmt dabei freiwillig großen Stress in Kauf. Denn: „Unbewusst beschäftigt man sich ja die ganze Zeit mit dem Thema Essen", sagt Andreas Knuffmann, Autor von „Deutschland isst ... mit Tim Mälzer: Richtig schlank?". Dass Diäten sogar unsere Gene verändern, legt eine Studie von Tracy Bale von der Universität Pennsylvania nahe. Knuffmann erklärt: „Sie setzte Mäuse auf Diät, die regelmäßig Zugang zu fetthaltiger und normaler Nahrung bekamen, beobachtete ihr Verhalten – und ihre Hirnstruktur. Dort stellte Bale Veränderungen fest, die dazu führten, dass sich die Mäuse nach der Diät immer auf fetthaltige Nahrung stürzten." So, als würden die Tiere für die nächste Hungerperiode vorsorgen wollen – die Erklärung für den Jo-Jo-Effekt. Wer es trotzdem ausprobieren will: hier vier populäre Diäten im Vergleich.

TRENNKOST

Die richtige Kombination von Lebensmitteln soll für einen ausgeglichenen Säure-Basen-Haushalt sorgen

Nach der über 100 Jahre alten Ernährungslehre können eiweißreiche und kohlenhydratreiche Lebensmittel getrennt besser verbrannt und verwertet werden – darum, so heißt es, sollte man sie nicht gleichzeitig essen. Zwischen den drei Mahlzeiten gilt es außerdem, längere Pausen einzuhalten, damit die Verdauung der vorigen Mahlzeit abgeschlossen werden kann. Vorrangig ernährt man sich bei Trennkost von basischen Lebensmitteln, die möglichst wenig verarbeitet sind, darunter viel Obst, Gemüse und Salat: Nach dem Prinzip des amerikanischen Arztes Dr. William Howard Hay besteht gesunde Ernährung zu 80 Prozent aus solchen Basenbildnern und zu nur noch 20 Prozent aus Säurebildnern wie Milchprodukten, Fleisch, Fisch, Käse, Eiern. Dafür wird bei der Trennkost nicht auf Kalorien oder Mengen geachtet.

PRAXIS-CHECK: Verwirrend und nicht jedermanns Geschmack: Viele gewohnte Kombinationen sind nicht erlaubt, etwa Fleisch mit Kartoffeln als Beilage. Es dauert einige Wochen, bis man die Regeln verinnerlicht hat. Wer gern systematisch vorgeht, kann auf diesem Weg sicherlich zumindest kurzfristige Abnehmerfolge erzielen.

NACHTEILE: Auch drei große Mahlzeiten können viel Energie liefern – eventuell zu viel. Und die Grundidee der Trennkost ist wissenschaftlich nicht haltbar: Denn Eiweiß und Kohlenhydrate können problemlos zusammen verdaut werden.

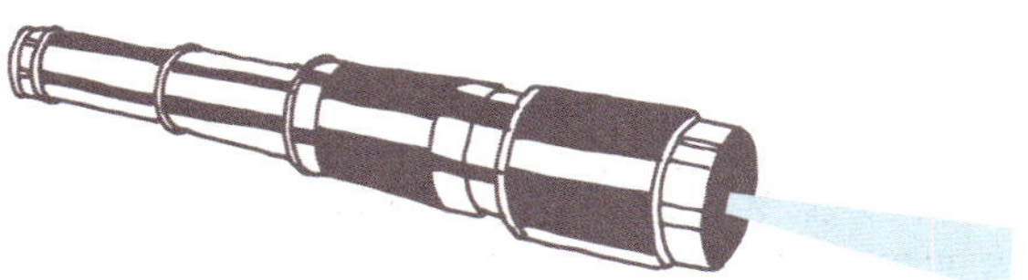

WEIGHT WATCHERS

Ein raffiniertes Punktesystem bringt Teilnehmer dazu, ihre Ernährungsgewohnheiten sukzessive zu verändern

Weight Watchers bietet eine kalorienreduzierte und ballaststoffreiche Mischkost ohne Verbote an. Die Auswahl unterliegt einer Grundregel: Jeder Mahlzeit, jedem Lebensmittel wird eine Weight-Watchers-Punktzahl zugewiesen, die sich aus dem jeweiligen Eiweiß-, Fett-, Kohlenhydrat- und Ballaststoffgehalt ergibt. Teilnehmer dürfen jeden Tag eine auf sie zugeschnittene Punktzahl „verzehren", abhängig von Geschlecht, Alter, Größe und Gewicht. Viele Obst- und Gemüsesorten haben null Punkte – davon kann man so viel essen, wie man will. Empfohlen sind zwei Portionen Milchprodukte, sechs Gläser Wasser und fünfmal Obst und Gemüse pro Tag. Flankiert wird die Diät von den Säulen Bewegung, Verhalten und Unterstützung. Die gibt es je nach Wahl entweder in regionalen Gruppen oder vom Onlineprogramm.

PRAXIS-CHECK: Kennt man seine individuelle Punktzahl und die Bewertung der Lebensmittel, ist alles sehr übersichtlich: Lästiges Kalorienzählen entfällt. Die große Rezeptauswahl beinhaltet auch einfache Grundrezepte. Vorteil Flexibilität: Steht ein Familienfest bevor, lassen sich schon Tage vorher Punkte „einsparen". Nachhaltig gut für gesellige Abnehmer.

NACHTEILE: Für die Mitgliedschaft und die Teilnahme am Onlineprogramm fallen Gebühren an (Treffen: ab 39 Euro pro Monat, online: ab 59,95 Euro für die ersten drei Monate). Die speziellen WW-Lebensmittel (u. a. Fertigprodukte) sind nicht immer empfehlenswert.

SCHLANK IM SCHLAF

Eine Abnehmmethode, die disziplinierte Vorarbeit am Tage verlangt

Nach Dr. Detlef Pape ist die erste Säule dieser Diät die Insulin-Trennkost: Sie beginnt morgens mit einem ausgiebigen Kohlenhydrat-Frühstück, damit der Körper Energie für den Tag bekommt, mittags steht ausgewogene Mischkost auf dem Programm, und abends wird komplett auf Kohlenhydrate verzichtet. Mit dieser Taktik soll der Insulinspiegel niedrig bleiben und die Fettverbrennung angekurbelt werden. Wichtig ist, dass zwischen den einzelnen Mahlzeiten jeweils fünf Stunden Zeit liegen, in denen man keinen Bissen isst. Hält man so das „Dickmacher-Hormon" Insulin in Schach, kommt die zweite Säule ins Spiel: Bewegung nach dem Biorhythmus. Das heißt, Ausdauertraining vor dem Abendessen, Muskeltraining am frühen Abend. Die Bewegung soll „Schlank-Hormone" aktivieren, die dann nachts tätig werden.

PRAXIS-CHECK: Nach 16 Uhr, wie empfohlen, keine Kohlenhydrate mehr zu essen erweist sich für viele als schwierig. Wer z. B. Schulkinder hat, die erst abends mit einer warmen Mahlzeit versorgt werden, kann ihnen nur beim Essen zuschauen. Wer trotzdem konsequent durchhält, wird aber mit der Methode wenigstens kurzfristig abnehmen können.

NACHTEILE: „Schlank im Schlaf" hört sich besser an, als es ist: In Wirklichkeit handelt es sich um eine Ernährungsumstellung in Kombination mit Bewegung. Durch die großen Abstände zwischen den Mahlzeiten kann es häufig zum Hungergefühl kommen.

DIE ZEHN REGELN DER DGE

(DEUTSCHE GESELLSCHAFT FÜR ERNÄHRUNG)

Keine Diät im herkömmlichen Sinn, sondern grundsätzliche Empfehlungen für eine gesunde Lebensweise

Die Deutsche Gesellschaft für Ernährung hat zehn Regeln für vollwertiges und gesundes Essen formuliert: 1. vielseitig und abwechslungsreich essen, 2. reichlich Getreideprodukte (Brot, Nudeln, Reis) sowie Kartoffeln zu sich nehmen, 3. fünf Portionen Obst und Gemüse am Tag, 4. täglich Milch und Milchprodukte verzehren, außerdem ein- bis zweimal pro Woche Fisch – dafür Fleisch, Wurstwaren und Eier in Maßen, 5. wenig Fett essen, beim Kochen pflanzliche Öle und Fette (Raps- und Sojaöl) bevorzugen, 6. Zucker und Salz in Maßen, 7. reichlich Flüssigkeit trinken, am besten Wasser, 8. schmackhafte und schonende Zubereitung: Speisen bei möglichst niedrigen Temperaturen garen, 9. sich Zeit nehmen und genießen, um das Sättigungsempfinden zu fördern, 10. in Bewegung bleiben (30 bis 60 Minuten Sport am Tag).

PRAXIS-CHECK: Das Regelwerk wirkt auf den ersten Blick sehr umfangreich, beinhaltet aber letztlich einfache Grundregeln einer ausgewogenen Ernährung, die im Alltag mit wenig Aufwand umzusetzen sind. Weil es keine Diät im herkömmlichen Sinn ist, zielt der Ernährungsplan nicht auf schnellen Erfolg ab, sondern auf eine kontinuierliche Umstellung.

NACHTEILE: Einige Regeln sind sehr allgemein gehalten – was etwa bedeutet „in Maßen"? Hier muss jeder selbst definieren. Das kann gerade bei Zucker zum Problem werden, weil vielen Menschen nicht bewusst ist, in wie vielen Lebensmitteln versteckte Süße enthalten ist.

Report

JUWELEN DER MEERE

Fisch ist köstlich und gesund. Lange schienen die Bestände unerschöpflich, doch heute sind die Ozeane fast leer gefischt. Zum Glück gibt es noch einige Arten, die man mit gutem Gewissen kaufen und genießen kann

Beim Anblick dieses Schwarms wird klar, warum Heringe auch „Silber des Meeres“ genannt werden

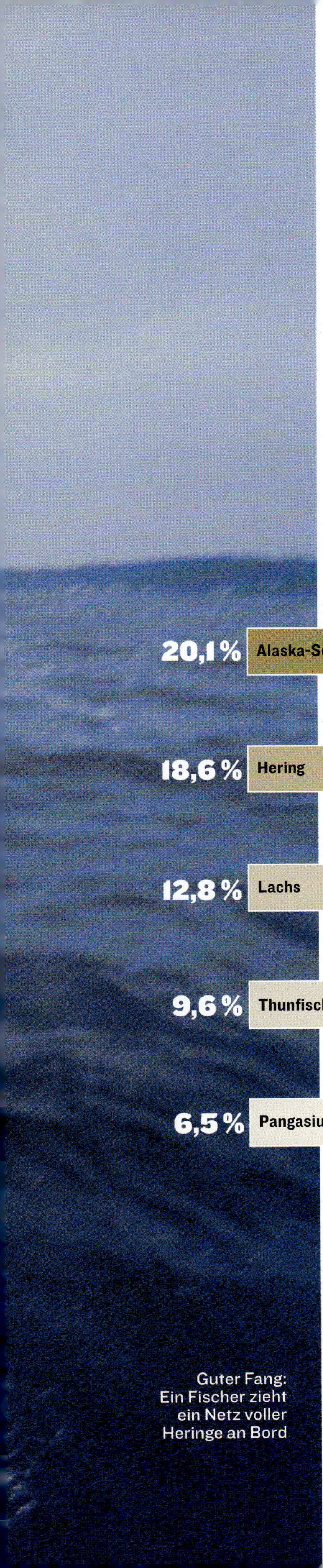

Vor allem diese Fische werden verspeist

Anteil der Fischarten am Fischverzehr insgesamt in Deutschland, Stand 2009; Quelle: Fischinformationszentrum (FIZ)

Guter Fang: Ein Fischer zieht ein Netz voller Heringe an Bord

Fisch ist ein wunderbares Produkt, das mir die Natur direkt auf den Teller legt", schwärmt Tim Mälzer. Als Koch schätzt er vor allem die Vielseitigkeit: „Bei einem Wolfsbarsch etwa kann ich relativ einfach den Geschmack variieren, mediterran, deutsch oder ein bisschen asiatisch. Und es geht schnell! Fisch ist nicht wie ein Schmorbraten, der dreieinhalb Stunden braucht. Ein schönes Filet ist in der Pfanne nach sechs, sieben Minuten fertig." Ernährungswissenschaftler loben eher die inneren Werte von Kabeljau, Lachs oder Hering: Fisch steckt voller Nährstoffe wie Jod, Kalzium, Kupfer, Eisen, Zink und Selen, enthält reichlich Omega-3-Fettsäuren und viele wichtige Vitamine und ist cholesterinarm, eiweißreich und leicht verdaulich. Darum raten viele Experten, zweimal pro Woche Fisch auf den Tisch zu bringen.

Naturschützer sind alarmiert

„Diese Empfehlung hat rein gesundheitliche Gründe – das Problem der Überfischung berücksichtigt sie nicht", warnt Silke Schwartau, Ernährungsexpertin der Verbraucherzentrale Hamburg. „Das geben die Weltmeere nicht her", sagt auch Heike Vesper von der Naturschutzorganisation World Wide Fund for Nature (WWF). Tatsächlich ist die Situation dramatisch: Die Welternährungsorganisation (FAO) nimmt an, dass heute 52 Prozent der weltweit kommerziell genutzten Fischbestände bis an ihre Grenzen genutzt werden, 19 Prozent überfischt und acht Prozent bereits erschöpft sind. Die scheinbar unerschöpfliche Nahrungsquelle Ozean versiegt.

Fangflotten plündern die Meere

Schuld daran ist der immer größere Appetit des Menschen auf Meerestiere. Jedes Jahr werden rund 100 Millionen Tonnen aus den Ozeanen gezogen. In Deutschland beispielsweise steigt der Pro-Kopf-Verbrauch seit Jahren kontinuierlich, 2009 waren es 15,7 Kilo pro Person, das sind knapp zwei Kilo mehr als fünf Jahre zuvor. Gleichzeitig werden die Fangmethoden immer ausgeklügelter: Fabrikschiffe durchpflügen die See und zerstören auf ihren Raubzügen nicht selten den Meeresboden.

Was ungewollt im Netz landet, gilt als unerwünschter Beifang und wird tot über Bord geworfen. Die FAO schätzt, dass so 30 bis 40 Prozent des weltweiten Fangs verenden, darunter Haie, Delfine, Wale, Meeresschildkröten und viele Seevögel. Wenn sich nichts ändert, so eine Studie, könnte schon im Jahr 2050 Schluss sein mit dem kommerziellen Fischfang.

Augen auf beim Einkauf

Fisch ist also nicht nur ungemein gesund, sondern auch bedroht. Wie geht man als Verbraucher um mit diesen beiden widersprüchlichen Wahrheiten? „Zunächst sollte Fisch nicht als ganz alltägliche Nahrung, sondern als Delikatesse gesehen werden", sagt WWF-Fischereiexpertin Vesper. „Und Sie sollten sorgfältig auswählen und nicht immer nur die gleichen Arten kaufen." Erste Hilfe geben Bio- und Umweltsiegel, die sich inzwischen auf vielen Verpackungen von Tiefkühlprodukten finden: „Sie sind die einfachste Methode, sich zu orientieren, damit sind Kunden auf der sicheren Seite", sagt Heike Vesper. Von Umweltschutzorganisationen akzeptiert wird das MSC-Siegel, ein weißer Fisch auf blauem Grund. Vergeben wird es vom Marine Stewardship Council (MSC), einer internationalen, unabhängigen Organisation für wild gefangenen Fisch. Das Siegel steht für Produkte aus umweltverträglich bewirtschafteter Fischerei. Für Zuchtfische gibt es die Siegel von Bioland und Naturland.

Öfter mal auf den Markt gehen

Silke Schwartau von der Verbraucherzentrale rät außerdem, regionaler zu essen: „Kaufen Sie ruhig mal Fisch aus heimischer Teichwirtschaft, etwa Forelle oder Karpfen – auch wenn Kinder den wegen der feinen Gräten nicht mögen, ist er doch, richtig zubereitet, eine Delikatesse. Und gehen Sie auf Wochenmärkte und unterstützen Sie so Anbieter aus der Umgebung." Es muss eben nicht immer exotischer Fisch aus Fernost sein. Beim lokalen Produzenten entfallen zudem die teilweise absurd langen Transportwege, die die Umwelt zusätzlich belasten. Wer keinen Fischhändler in der Nähe hat, kann ruhig zu Tiefkühlprodukten greifen, sagt die Ernährungsfachfrau: „Oft erfolgt die Frostung direkt an Bord der Fangschiffe, so gehen kaum Vitamine verloren. Außerdem sind ja immer weniger Menschen geübt in der Zubereitung von Frischfisch. Allerdings muss man auch sagen, dass der einfach unerreicht lecker ist."

Einkaufsratgeber als Orientierung

Noch detaillierter als die Siegel informieren Einkaufsratgeber wie der des WWF (siehe Seite 113), der jedes Jahr neu erstellt wird und wilde und gezüchtete Arten auflistet. Die aktuelle Ausgabe nennt 24 Arten und Bestände, die als „gute Wahl" eingestuft werden, darunter Alaska-Seelachs, Hering oder Kabeljau. Für einige Fische, etwa Scholle oder Thun, gibt es unterschiedliche Bewertungen, je nach Fanggebiet von „gute Wahl" bis „lieber nicht". Das macht vielleicht ein wenig Mühe, doch die sollte jeder auf sich nehmen, wenn wir morgen noch Fisch essen möchten. Tim Mälzer, in dessen Restaurant schon seit mehr als einem Jahr kein bedrohter Thunfisch mehr auf der Karte steht, glaubt, dass

Die beliebtesten Fischprodukte

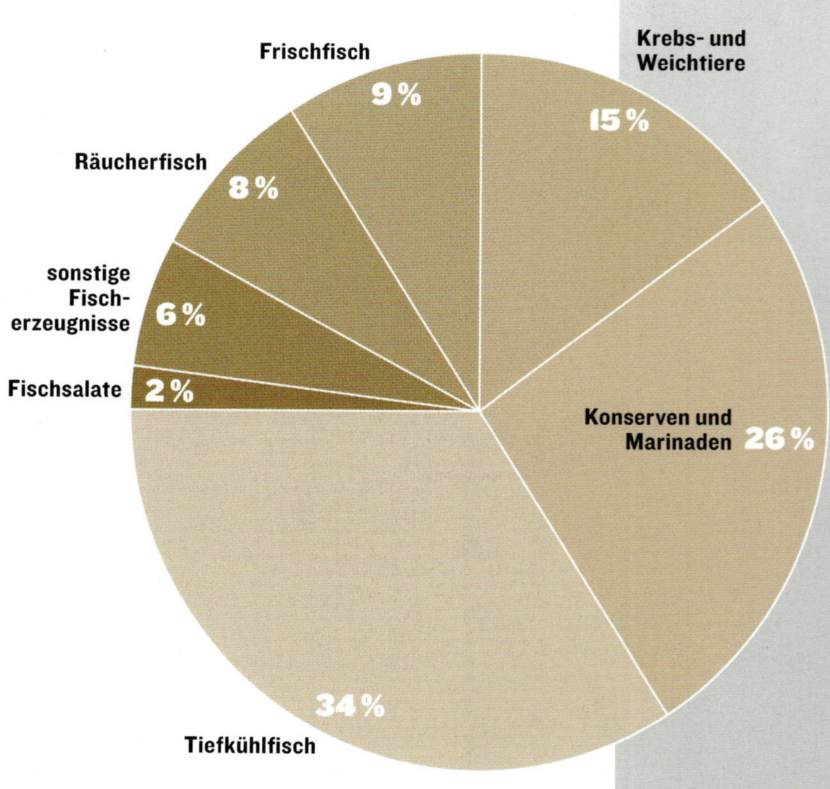

Stand 2009; Quelle: Fischinformationszentrum (FIZ)

Klare, glänzende Augen und rote Kiemen zeigen, dass Fisch wirklich frisch ist, so wie hier Makrelen, Sardinen und Heringe

Verbraucher mit ihrem Einkaufsverhalten durchaus etwas bewegen können: „Wir sind eine Überflussnation, gerade, was tierische Produkte angeht. Wir sind in keiner Notsituation, unser Angebot ist groß genug und wir haben wirklich die freie Wahl. Das gilt eigentlich für alle Lebensmittel."

Aquakultur kann eine Alternative sein

Um den weltweiten Hunger auf Fisch zu befriedigen, setzt die Lebensmittelindustrie verstärkt auf Aquakulturen: Meeresfrüchte, Süß- und Salzwasserfische werden in Netzgehegen in Teichen oder Buchten gezüchtet. Kein anderer Bereich der Branche boomt so wie die Fischfarmen: Sie decken bereits 47 Prozent des weltweiten Bedarfs.
Fisch kontrolliert aufzuziehen und so die Wildbestände zu schonen scheint zunächst eine gute Idee. Doch Experten kritisieren, dass die Farmen die Umwelt belasten. Viele Zuchtfische fressen Fisch – so trägt die Aquakultur wiederum zur Überfischung bei. Zudem ist immer wieder zu lesen, dass in zu engen Gehegen Unmengen von Antibiotika eingesetzt werden, um die Tiere gesund zu halten, oder dass ihre Exkremente das Wasser verschmutzen. Besonders umstritten sind Shrimp-Aquakulturen in Südostasien. Dort verseuchen die eingesetzten Futtermittel, Pestizide und Medikamente Boden und Wasser so stark, dass bereits mehr als ein Drittel der Mangrovenwälder an den Küsten zerstört sein soll.

Strenge Regeln tun der Umwelt gut

Dennoch: „Wenn sie nachhaltig stattfindet, kann Aquakultur eine Alternative sein", sagt Heike Vesper vom WWF. Eigentlich müsse man jede Farm einzeln bewerten. Das ist nicht möglich, darum hilft eine einfache Faustregel: „In Ländern, in denen sich Aquakulturen gigantisch schnell entwickeln und wachsen, gibt es meist schwache Umweltvorschriften. Einige Länder, wie Norwegen, haben dagegen sehr strikte Regelungen. Lachs aus Norwegen ist darum im Vergleich besser gezüchtet als der aus Chile." Derzeit liege der Anteil der Fischfarmen, die ökologisch arbeiten, noch im einstelligen Bereich, schätzt Vesper. Ein neues Siegel für Zuchtfisch, ähnlich dem MSC-Logo, sei derzeit in Vorbereitung. Bis es zum Einsatz kommt, sollten Kunden nach Produkten mit Biosiegeln suchen.

Ganz allein kann der Verbraucher die Weltmeere nicht retten, egal wie bewusst er einkauft. „Das Problem der Überfischung muss durch die Politik gelöst werden", sagt Heike Vesper. Wissenschaftler mahnen seit Jahren, die Fangquoten drastisch zu senken, die derzeit in Europa etwa 40 Prozent über den Empfehlungen liegen.

Bewusst einkaufen, bewusst essen

Man sollte aber die Macht, die man als Kunde besitzt, auch nicht unterschätzen. Heike Vesper: „Als Einzelner kann man nichts bewegen, aber eine Vielzahl von Leuten vermag das schon, das macht einen Unterschied. Die Kaufentscheidung liegt beim Verbraucher, und der findet Gehör." Steht eine Art auf der roten Liste, gehen die Nachfrage und damit auch das Angebot zurück. So hat sich in den vergangenen Jahren einiges getan. Die großen deutschen Handelsmarken und Discounter setzen sich mit den Naturschutzverbänden an einen Tisch und achten verstärkt auf eine nachhaltige Einkaufspolitik – in eigentlich jedem Supermarkt finden sich mittlerweile Waren mit dem MSC-Siegel. Das ist nirgendwo so gefragt wie hierzulande: Ein Drittel aller MSC-Produkte wird in Deutschland verkauft. Tim Mälzer: „Wir können uns das leisten, da sollten wir auch eine Vorbildfunktion wahrnehmen."

Norwegen zeigt, wie vorbildliche Aquakultur funktioniert: Die Gehege, in denen vor allem Lachse gezüchtet werden, sind ausreichend groß, die Tiere werden nur einmal im Jugendalter geimpft und ausgewogen ernährt

FOTOS: ALMIDI.NET, DPA PICTURE-ALLIANCE, ENNO KAPITZA/BILDERBERG/AVENUE IMAGES, FOTOLIA (2), VIELMO-DOTT/WWF (3), MAURITIUS, THOMAS GRABKA/LAIF

DIE RICHTIGE WAHL BEIM EINKAUF

Jedes Jahr bewertet der WWF neu, wie es um die Fischbestände steht. Die aktuelle Liste mit Einkaufstipps können Sie unter www.wwf.de/fischratgeber herunterladen, dort gibt es auch eine kostenlose App für Smartphones

gute Wahl   zweite Wahl   lieber nicht   W = Wildfisch   Z = Zuchtfisch   = MSC-zertifiziert

Aal, Europa	W/Z
Alaska-Seelachs	W
Alaska-Seelachs, NW-Pazifik	W
Dorade, Bio	Z
Dorade, Mittelmeer	Z
Dornhai/Schillerlocke	W
Forelle, Bio	Z
Forelle, Nordeuropa	Z
Forelle, Chile, Türkei	Z
Garnele, Shrimp, Bio	Z
Garnele, Eismeer/Kaltwasser	W
Garnele, Eismeer/Kaltwasser, NO-Atlantik	W
Garnele, Eismeer/Kaltwasser, NW-Atlantik	W
Garnele, Krabbe, Nordsee	W
Garnele, Shrimp, Tropisch	W/Z
Granatbarsch	W
Haie und Rochen	W
Heilbutt, Zucht, Europa oder	W/Z
Heilbutt, NO-Arktis, Norw. See, W-Grönland	W
Heilbutt, NO-Atlantik	W
Hering, NO-Atlantik oder	W
Hering, Keltische Meere, Ostsee	W
Kabeljau/Dorsch, östl. Ostsee oder	W
Kabeljau/Dorsch, Island, westl. Ostsee, Pazifik/USA	W
Kabeljau, NO-Atlantik, bis auf NO-Arktis; Pazifik, bis auf USA	W
Karpfen	Z
Kliesche, NO-Atlantik	W
Lachs, Bio oder Wildfang, Ost-Pazifik/USA	W/Z
Lachs, Alaska-Wildlachs	W
Lachs, Irland, Norwegen, Schottland	Z
Lachs, Chile, NO-Atlantik, Pazifik, bis auf USA	W/Z
Leng, NO-Atlantik	W
Makrele Nord-Atlantik oder	W
Makrele, östlicher Mittelatlantik	W
Marlin, Blauer	W
Pangasius, Bio, Vietnam	Z
Pangasius, Thailand	Z
Rotbarsch, Nord-Atlantik	W
Sardelle, NO-Atlantik	W
Sardine, NO-Atlantik oder	W
Sardine, Mittelmeer	W
Schellfisch, NO-Arktis oder	W
Schellfisch, Nordsee, Island	W
Schellfisch, NO-Atlantik	W
Scholle	W
Scholle, Ostsee	W
Scholle, NO-Atlantik, Pazifik	W
Schwertfisch	W
Seehecht	W
Seehecht	W
Seelachs/Köhler, NO-Atlantik oder	W
Seelachs/Köhler, Island, Färöer	W
Seeteufel, Nord-Atlantik	W
Seezunge, NO-Atlantik, Mittelmeer	W
Schnapper, Roter	W
Steinbeißer, Nord-Atlantik	W
Tilapia, Bio und Europa, USA	Z
Tilapia, Asien	Z
Thun, Bonito/Skipjack	W
Thun, Weißer	W
Thun, Bonito/Skipjack, Pazifik	W
Thun, Bonito/Skipjack, Ost-Atlantik, Indischer Ozean	W
Thun, Gelbflossen, Ost-Pazifik	W
Thun, Gelbflossen, weltweit, bis auf Ost-Pazifik	W
Thun, Roter, Großaugen, Weißer	W/Z
Viktoriabarsch, Naturland	W
Viktoriabarsch	W
Wolfsbarsch, Bio, Mittelmeer	Z
Wolfsbarsch, Mittelmeer	Z
Zander, Ostsee, Westeuropa oder	W
Zander, Osteuropa	W

Dieser Fisch schwimmt in einem Öl voller exotischer Gewürze

FISCH AUF DEN TISCH

Ein frischer Fang sollte mindestens einmal pro Woche in der Küche landen, so lautet die gängige Empfehlung. Lust auf ein paar neue Rezeptideen? Wir bitten zu Fisch!

Dorade in marokkanischem Gewürzöl

Für 4 Personen | Zubereitungszeit 15 Min. plus 15 Min. Backzeit

1 EL Kreuzkümmel
2 EL Koriandersamen
1 EL scharfes Paprikapulver
1 TL schwarzer Pfeffer
1 TL Meersalz
1 Topf Koriander
1 Biozitrone, Saft und Schalenabrieb
2 Knoblauchzehen
80 ml Olivenöl
4 Doraden à 300 g

1 Kreuzkümmel, Koriandersamen, Paprikapulver, schwarzen Pfeffer, Meersalz und Koriandergrün in einen Mörser geben und fein zerstoßen. Zitrone heiß abspülen, trocknen, die Schale fein abreiben und den Saft auspressen. Knoblauch schälen, fein hacken und mit dem Öl zu den zerstoßenen Gewürzen geben.

2 Den Backofen auf 220 °C vorheizen (Umluft: 200 °C). Fische auf beiden Seiten mit einem scharfen Messer mehrmals im Abstand von ca. 3 cm schräg einschneiden.

3 Die Fische jeweils mit 2 EL von dem Gewürzöl innen und in den Schnitten einreiben. Auf ein tiefes Blech/Fettpfanne legen, im Ofen 15 Minuten backen und mit dem restlichen Gewürzöl servieren.

Dazu passt Couscous.

Schollenfilets in indischem Gewürzteig

Der feinste Fischburger, den Sie je gegessen haben! Dafür wird der Fisch erst mariniert und anschließend frittiert – Rezept auf Seite 118

Oktopus-Chorizo-Eintopf

Tintenfisch braucht Zeit: Er muss lange kochen, damit die Tentakel weich werden. Dazu gibt's Kartoffeln und pikante Wurst – Rezept auf Seite 118

Ausgebackene Schollenfilets in indischem Gewürzteig

Für 4 Personen | Zubereitungszeit 15 Min. plus 30 Min. für die Marinade

4 EL Zitronensaft
1 TL Ingwerpaste
1 TL Knoblauchpaste
Schwarzer Pfeffer
Meersalz
4 Schollenfilets
100 g Weizenmehl
1 EL Chiliflocken
1 EL Kreuzkümmelsamen
1 TL Backpulver
Öl zum Frittieren
1 Baguette
4 EL Mayonnaise
1 Handvoll Brunnenkresse

1 Zitronensaft, Ingwer- und Knoblauchpaste in eine Schüssel geben, mit Salz und Pfeffer würzen und gut verrühren. Die Schollenfilets hineingeben und 30 Minuten marinieren.

2 Das Mehl mit Chiliflocken, Kreuzkümmelsamen, Backpulver und 1 TL Salz mischen und mit dem Schneebesen mit 120 ml kaltem Wasser verrühren.

3 Fischfilets aus der Marinade nehmen und trocken tupfen. Das Öl in eine tiefe Pfanne geben und erhitzen. Den Fisch in den Teig geben und anschließend im heißen Öl von beiden Seiten ca. 2-3 Minuten goldbraun und knusprig frittieren.

4 Die Filets auf Küchenpapier abtropfen lassen, das Baguette längs aufschneiden, mit Mayonnaise bestreichen, mit Brunnenkresse bestreuen und mit dem Fisch belegen.

Oktopus-Chorizo-Eintopf

Für 4 Personen | Zubereitungszeit 60 Min. plus 1,5 Std. Garzeit

500–800 g Nordostatlantik-Oktopus
10 schwarze Pfefferkörner
2 Lorbeerblätter
1 EL Salz
3 rote Zwiebeln
4 Knoblauchzehen
600 g festkochende Kartoffeln
300 g Chorizo
4 EL Olivenöl
2 Dosen stückige Tomaten
500 ml Roséwein
2 EL Paprikapulver
2 EL Kapern
Schwarzer Pfeffer
Meersalz
1 Biozitrone
1 Bund Petersilie

1 Wasser in einem großen Topf zum Kochen bringen, den Oktopus mit den Pfefferkörnern, dem Lorbeer und Salz hineingeben, einmal aufkochen lassen, dann die Hitze reduzieren und 1,5 Stunden köcheln lassen.

2 In der Zwischenzeit die Zwiebeln und den Knoblauch schälen und grob hacken. Die Kartoffeln gut abbürsten und in walnussgroße Stücke schneiden. Die Chorizo in etwa 2 cm große Stücke schneiden.

3 Den Oktopus aus dem Topf nehmen, in mundgerechte Stücke schneiden. Backofen auf 180 °C vorheizen (Umluft: 160 °C).

4 In einer großen Kasserolle das Öl erhitzen, Zwiebeln und Knoblauch bei mittlerer Hitze ca. 5 Minuten dünsten. Tomaten, Wein, Paprikapulver und die Kartoffeln hinzufügen und aufkochen lassen. Oktopus, Chorizo und Kapern dazugeben, mit Wasser auffüllen, bis die Zutaten mit Flüssigkeit gerade bedeckt sind. Noch einmal aufkochen lassen, den Deckel auflegen und im Ofen ca. 30 Minuten schmoren.

5 Die Kasserolle aus dem Ofen nehmen und den Eintopf mit Salz und Pfeffer abschmecken. Die Zitrone heiß abspülen, abtrocknen und fein reiben. Die Petersilie grob hacken und beides über den fertigen Eintopf streuen.

Lachs-Ceviche Asia Style

Für 4 Personen | Zubereitungszeit 30 Min.

400 g frischer Lachs ohne Haut (bio)
Saft von 2 Limetten
3 EL Sojasauce
1 EL Sesamöl
2 EL Olivenöl
Salz und Pfeffer
1 EL Zucker
2 Frühlingszwiebeln
1 Knoblauchzehe
1 rote Peperoni
400 g mehligkochende Kartoffeln
Öl zum Frittieren
2 EL gerösteter Sesam
½ TL Chilipulver
1 TL Meersalz

1 Den Lachs in dünne Scheiben schneiden, auf einer Servierplatte anrichten und kühl stellen.

2 Den Limettensaft, Sojasauce, Sesam- und Olivenöl in eine Schüssel geben, mit Salz, Pfeffer und Zucker abschmecken und zur Seite stellen.

3 Frühlingszwiebeln und Knoblauch putzen und mit der Peperoni in sehr dünne Scheiben schneiden, zur Seite stellen.

4 Die Kartoffeln schälen, in lange, dünne Streifen schneiden und anschließend in heißem Öl ca. 3 Minuten goldbraun und knusprig frittieren. Kartoffelsticks auf Küchenpapier legen und mit dem Sesam, Chilipulver und Salz würzen.

5 Lachsplatte mit Frühlingszwiebeln, Knoblauch und Peperoni bestreuen und alles mit dem Dressing beträufeln. Mit den Kartoffelsticks servieren.

Lachs-Ceviche Asia Style

Ceviche stammt ursprünglich aus Peru und besteht aus klein geschnittenem, rohem Fisch, der gewöhnlich in Limettensaft mariniert ist. Hier wird leicht variiert

Fisch international: Mit Salsa wird's mexikanisch ...

... eine Oliven-Kapern-Füllung schmeckt mediterran ...

Schwertfischburger mit grüner Tomatensalsa

Für 4 Personen | Zubereitungszeit 20 Min. plus 30 Min. für die Marinade

1 walnussgroßes Stück Ingwer
Saft von 1 Limette
3 EL Sojasauce
4 Schwertfischsteaks
2 Zwiebeln
2 Knoblauchzehen
2 rote Peperoni
5 grüne Tomaten
2 EL Olivenöl
1 EL Rohrzucker
Salz und Pfeffer
2–3 EL Sonnenblumenöl
1 rote Zwiebel
½ Bund Koriandergrün
4 Sesambrötchen

1 Ingwer schälen, fein reiben und mit dem Limettensaft und der Sojasauce in eine Schale geben. Die Schwertfischsteaks darin 30 Minuten marinieren.

2 In der Zwischenzeit die Zwiebeln und den Knoblauch schälen, fein hacken, die Peperoni in feine Ringe schneiden, die Tomaten vierteln, entkernen und das Fruchtfleisch grob hacken.

3 Olivenöl in einer Pfanne erhitzen, das vorbereitete Gemüse darin ca. 3 Minuten köcheln lassen. Mit Zucker, Salz und Pfeffer abschmecken. Salsa vom Herd nehmen und warm halten.

4 Steaks aus der Marinade nehmen. Sonnenblumenöl in eine Grillpfanne geben, die Steaks 1 Minute pro Seite scharf anbraten.

5 Die rote Zwiebel schälen und in Ringe schneiden. Korianderblättchen von den Stielen zupfen.

6 Brötchen halbieren, die unteren Hälften mit den Steaks belegen, mit der Salsa übergießen, Zwiebelringe und Korianderblätter darauf verteilen und mit den oberen Hälften zudecken.

Wolfsbarsch mediterran

Für 4 Personen | Zubereitungszeit 30 Min.

1 Handvoll getrocknete Tomaten (in Öl)
6 Stiele Zitronenthymian
150 g grüne Oliven ohne Stein
100 g Kapern
5 EL Olivenöl
Meersalz
Schwarzer Pfeffer
4 EL Sonnenblumenöl
4 Wolfsbarsche à 350 g (bio)

1 Getrocknete Tomaten mit Thymian, Oliven und Kapern in eine Schüssel geben, mit Olivenöl, Salz und Pfeffer vermengen.

2 Die Fische mit den vorbereiteten Zutaten füllen und mit Zahnstochern verschließen.

3 Den Backofen auf 220 °C vorheizen (Umluft: 200 °C). Jeweils 1 EL Sonnenblumenöl in einer Pfanne erhitzen und die Fische von beiden Seiten ca. 1 Minute scharf anbraten.

4 Die Fische auf den Rost legen und auf der mittleren Schiene ca. 12-15 Minuten garen.

Mit frischem Salat und knusprigem Brot servieren.

... Kokosnuss und Curry bringen den Zauber Asiens mit ...

... und mit Fisch-Nuggets wird die Küche „very British“

Coconut-Prawn-Curry

Für 4 Personen | Zubereitungszeit 45 Min.

2 EL Sonnenblumenöl
1 TL Senfkörner
2 Zwiebeln, fein gewürfelt
1 Zimtstange
10 g Ingwer
4 Knoblauchzehen
2 rote Chilis
1 TL Kreuzkümmelpulver
2 TL Korianderpulver
½ TL Kurkuma
½ TL Garam Masala
1 Dose stückige Tomaten
400 ml Kokosmilch
16 Gambas
Salz

1 Das Öl in einer Pfanne erhitzen, die Senfkörner hineingeben und aufplatzen lassen, die Hitze reduzieren, Zwiebeln und Zimt dazugeben und ca. 8 Minuten dünsten lassen.

2 In der Zwischenzeit Ingwer und Knoblauch schälen und grob hacken. Die Chilis längs halbieren und die Kerne entfernen. Die vorbereiteten Zutaten mit 50 ml Wasser in ein hohes Gefäß geben und mit dem Zauberstab zu einer Paste verarbeiten.

3 Die Paste zu den Zwiebeln in die Pfanne geben und gut verrühren. Kreuzkümmel, Koriander, Kurkuma und Garam Masala beigeben und zum Kochen bringen. Die Tomaten und 100 ml Wasser hinzugeben und weiterkochen, bis die Flüssigkeit vollständig verdampft ist.

4 Die Kokosmilch und 150 ml Wasser zugießen und langsam zum Köcheln bringen. Die Gambas hineingeben und unter ständigem Rühren 4 Minuten garen. Mit Salz abschmecken.

Dazu passt Basmatireis.

Paniertes Kabeljaufilet mit Rote-Bete-Meerrettich-Relish

Für 4 Personen | Zubereitungszeit 20 Min. plus 20 Min. für die Marinade

400 g Kabeljaufilet ohne Haut (bio)
Saft von 2 Limetten
Salz
Schwarzer Pfeffer
250 g Matzen (dünnes, ungesäuertes Knäckebrot)
4 Rote Bete (gegart, vakuumverpackt)
2 EL Sahnemeerrettich
1 EL Olivenöl
150 g Crème fraîche
2 EL Backmohn
3 mittelgroße Eier (in einer Schüssel geschlagen)
Öl zum Frittieren

1 Die Kabeljaufilets in 5 cm breite Stücke schneiden, mit dem Limettensaft, 1/2 TL Salz und Pfeffer 20 Minuten marinieren.

2 In der Zwischenzeit die Matzen in eine Küchenmaschine geben und zu feinem Mehl zermahlen. Die Rote Bete grob reiben, in eine Schüssel geben, mit Meerrettich, Olivenöl, Crème fraîche und Mohn vermengen und mit Salz und Pfeffer abschmecken.

3 Die Kabeljaufilets aus der Marinade nehmen und in dem Matzenmehl wenden. Anschließend durch die Eimasse ziehen und noch einmal im Matzenmehl wenden.

4 Das Öl in einer tiefen Pfanne erhitzen und die panierten Fischstücke nacheinander ca. 1-2 Minuten goldbraun frittieren.

5 Die frittierten Fische aus der Pfanne nehmen und auf Küchenpapier abtropfen lassen. Mit dem Rote-Bete-Relish servieren.

GEKOCHTE KARTOFFELN
ENTHALTEN 0,1 % FETT –
CHIPS 35 %

„JE KÜRZER DIE ZUTATENLISTE, DESTO BESSER DAS PRODUKT.“

Tim Mälzer

Für seine TV-Dokumentation steckte Mälzer seine Nase tief in die Welt der Fertigprodukte. Und kocht seitdem noch lieber selber

DIESE INHALTSSTOFFE SOLLTEN SIE KENNEN:

AGAR-AGAR Das Gelier- und Verdickungsmittel E 406 wird aus Rotalgen gewonnen und ersetzt in der veganen Küche die Gelatine. Es wirkt verdauungsfördernd und in hoher Dosis abführend. Sollte nicht zu häufig gegessen werden.

AMARANTH Der dunkelrote Farbstoff E 123 darf nur für Kaviar, Liköre und Spirituosen verwendet werden. Es wird vermutet, dass er pseudoallergische Reaktionen und eventuell sogar Krebs auslösen kann. Nicht zu verwechseln mit der Pflanze Amarant, Bestandteil vieler Müslis.

AROMA Wird manchmal auch mit dem Zusatz „naturidentisch“ versehen. Aromen wie beispielsweise Vanillin werden künstlich hergestellt und sind günstiger als natürliche Zutaten, also etwa echte Vanille. Ihre chemische Struktur ist identisch mit natürlichem Aroma.

ASCORBINSÄURE Auch bekannt als Vitamin C oder E 300. Wird als Antioxidationsmittel, Farbstabilisator und zur Behandlung von Mehl eingesetzt. Gilt als unbedenklich, kann aber bei langfristiger Überdosierung zu Nieren- und Blasensteinen führen.

AZOFARBSTOFFE Die Lebensmittelfarben Tartrazin (E 102), Chinolingelb (E 104), Gelborange S (E 110), Azorubin (E 122). Allurarot (E 129) und Cochenillerot A (E 124) stehen im Verdacht, Hyperaktivität auszulösen. Außerdem können sie Allergien verursachen.

BENZOESÄURE Der Konservierungsstoff E 210, der oft zusammen mit Sorbinsäure (E 200) eingesetzt wird, findet sich hauptsächlich in Salaten und Fischprodukten. Bei Menschen mit Asthma, Neurodermitis oder Heuschnupfen kann er eine allergische Reaktion auslösen.

CAROTINE und **BETA-CAROTINE (E 160 A)** färben viele Lebensmittel, Butter und Margarine gelb-orange. Der Stoff soll das Risiko für Darm- und Prostataerkrankungen erhöhen, besonders bei Rauchern.

COCHENILLE Auch bekannt als Karminsäure, echtes Karmin, Carmin oder E 120. Der rote Farbstoff wird aus Schildläusen gewonnen. Kann Allergien auslösen, besonders bei Menschen, die empfindlich auf Aspirin oder Benzoesäure reagieren.

EDTA Das Antioxidationsmittel E 385 ist für Glaskonserven und Dosen, Halbfettmargarine und gefrorene Krebstiere erlaubt. Es bindet Mineralstoffe und kann zu deutlichen Beeinträchtigungen des Stoffwechsels führen. Für Kleinkinder nicht geeignet.

GESCHMACKSVERSTÄRKER Glutaminsäure und ihre Salze (E 620 bis E 625) stecken in vielen Fertigprodukten und können bei Menschen Kopfschmerz auslösen. Weil sie den Appetit anregen, fördern sie Übergewicht. Auch Hefeextrakt und Würze enthalten Glutamat.

GLUKOSESIRUP ist ebenso wie Dextrose, Maltose, Maltodextrose, Farin, Saccharose oder Fructose nichts anderes als Zucker. Weil der ein schlechtes Image hat, wird er auf der Zutatenliste oft mit diesen Begriffen getarnt. Zucker greift den Zahnschmelz an.

GUMMI ARABICUM E 414 ist ein Verdickungsmittel und Füllstoff, der aus der Gummiabsonderung einer Akazienart hergestellt wird. Wirkt verdauungsfördernd und kann in seltenen Fällen Allergien auslösen. In einigen Ländern, z. B. Frankreich, darf der Stoff bestrahlt werden.

JOHANNISBROTKERNMEHL Das Verdickungsmittel ist auch bekannt als E 410. Wie Carrageen (E 407) und Guarkernmehl (E 412) macht es Desserts, Marmeladen oder Milchprodukte sämiger. Die Stoffe sollen manchmal Magen-Darm-Probleme auslösen.

LECITHIN E 322 ist ein sogenannter Emulgator, der Öl und Wasser miteinander verbindet, zum Beispiel in Backwaren, Margarinen, Saucen oder Süßwaren. Wird meist aus Sojaöl gewonnen, das nicht selten aus genveränderten Sojabohnen stammt.

MODIFIZIERTE STÄRKE Sie wird aus Weizen, Mais oder Kartoffeln gewonnen. Chemisch behandelt, ist sie stabiler gegen Hitze und Kälte und kommt als Verdickungsmittel und Stabilisator zum Einsatz. Gefährlich für die Gesundheit ist sie nicht.

NATRIUMNITRIT Der Konservierungsstoff E 250 steckt vor allem in gepökeltem Fleisch, wie zum Beispiel Kassler. Das sollte nie gegrillt, gebraten oder überbacken werden, da sich dabei krebserregende Nitrosamine bilden können.

PHOSPHORSÄURE E 338 ist ein Säuerungsmittel. Wird es in großer Menge konsumiert, kann es die Aufnahme von Calcium, Magnesium und Eisen behindern und zu Knochenschwund und Kalkablagerungen führen. Kinder sollten es nicht zu sich nehmen.

SCHWEFELDIOXID Der Konservierungsstoff E 220 wird vor allem in Weißwein, Trockenfrüchten und Kartoffelprodukten verwendet. Bei empfindlichen Menschen können davon Kopfschmerzen und Übelkeit ausgelöst werden, auch Asthmatiker und Neurodermitiker sollten ihn meiden.

SÜSSSTOFFE Die synthetischen Stoffe Aspartam (E 951), Cyclamat (E 952), Isomalt (E953), Lactit (E 966), Saccharin (E 954), Thaumatin (E 957) und Xylit (E 967) regen den Appetit an, Saccharin wird zur Schweinemast benutzt. Es gibt Hinweise, dass einige krebserregend sind.

UNTER SCHUTZATMOSPHÄRE VERPACKT Hört sich fürsorglich an, bedeutet aber nur, dass Stickstoff und Kohlendioxid eingesetzt wurden, um etwa Fleisch zu verpacken. Das bleibt dadurch rot und kann länger verkauft werden, schmeckt aber eventuell weniger saftig und aromatisch.

ZITRONENSÄURE E 330 wird als Konservierungs- und Geschmacksstoff verwendet, zum Beispiel in Weingummi und Limonaden. Weil sie vor allem in Kombination mit Zucker den Zahnschmelz schädigt, kann sie zu Karies führen.

FOTO: CORDULA KROPKE, ISTOCK

35 GRAMM
BROKKOLI SCHWIMMEN
TATSÄCHLICH IN EINEM
LITER INSTANTSUPPE

Verteufeln aber mag Mälzer, der nach getaner Arbeit schon mal zu Dosenravioli greift, Fertigprodukte nicht: „Wenn ich solche Produkte kaufe, muss ich eben akzeptieren, dass Zusatzstoffe drin sind. Und wenn ich das nicht haben will, muss ich eben selber kochen."

Darauf aber haben die Deutschen immer weniger Lust: Der Pro-Kopf-Verbrauch von Tiefkühlkost etwa verdreifachte sich zwischen 1975 und 2005 von 12,2 kg auf 37,1 kg pro Jahr, 2008 waren es schon 39 kg. Zudem kaufte jeder Kunde fast 50 Fertiggerichte pro Jahr. Was die Lebensmittelindustrie da anbiete, könne ja durchaus schmecken, gibt der Koch zu: „Nicht fein, nicht differenziert, aber die primären Geschmackserlebnisse sind da: süß, salzig, ein bisschen säuerlich. Wer sagt, Fertigpizza schmecke immer schlecht, ist für mich ein Lügner." Auch wurde bisher nicht nachgewiesen, dass ein einzelner Zusatzstoff gesundheitsschädlich ist. Allerdings stehen manche unter Verdacht, Allergien auszulösen, die Verdauung zu beinträchtigen, ADS bei Kindern hervorzurufen oder zu Übergewicht zu führen, weil sie den Appetit anregen. Auch die Langzeitwirkung und das Zusammenspiel dieser Stoffe, von denen jeder Europäer geschätzte drei bis sieben Kilo pro Jahr zu sich nimmt, wurden bisher nicht erforscht. Mälzer: „Nachgewiesenermaßen gesundheitsfördernd sind sie nicht, das muss man auch sagen."

Einfache Regeln helfen beim Einkauf

Was also kann der verunsicherte Verbraucher tun, der Zusatzstoffe so weit wie möglich vermeiden möchte? Wer nicht allzu tief in das Thema einsteigen möchte, dem hilft eine einfache Grundregel beim Einkauf im Supermarkt: Je stärker ein Produkt verarbeitet ist, desto mehr Zusätze enthält es. Tiefgefrorenes, pures Gemüse zum Beispiel ist durchaus empfehlenswert, weil es direkt nach der Ernte schockgefrostet wird und oft mehr Vitamine enthält als Ware, die mehrere Tage an der Gemüsetheke gelegen hat. Fertige Tiefkühlgemüsegerichte durchlaufen schon mehr Verarbeitungsschritte und enthalten neben Zusatzstoffen oft viel Fett, etwa wenn sie den Zusatz „Rahm" im Namen haben. Und in Instantprodukten steckt nicht selten nur noch ein Bruchteil des natürlichen Lebensmittels, das auf der Verpackung steht. Tim Mälzer, der sich ein Pulver genauer ansah, aus dem sich Brokkolicremesuppe herstellen lässt, stellte fest, dass ein Liter der fertigen Suppe nur 35 Gramm Brokkoli enthält, dafür zu viel Salz und Fett, außerdem Aroma aus dem Chemielabor und Geschmacksverstärker.

In der Kürze liegt die Würze

Sein Tipp: „Je kürzer die Zutatenliste, desto besser das Produkt." Regisseurin Katarina Schickling, die nach den Dreharbeiten beschloss, auf alle Nahrungsmittel mit Geschmacksverstärkern und Aromen zu verzichten, hält es ähnlich: „Ich würde kein Produkt kaufen, das Dinge enthält, die ich nicht kenne." Die Zutatenlisten seien nicht selten absichtlich so formuliert, dass man sie nicht verstehen könne. Als ein Beispiel nennt Schickling Johannisbrotkernmehl: „Das klingt ja zunächst mal fast nach Bioladen." Tatsächlich aber ist es ein Zusatzstoff zum Verdicken, der in der EU unter der Bezeichnung E 410 zugelassen ist. Damit lassen sich Saucen, Suppen, Milchprodukte oder Puddings sämiger machen, sodass der (billige) Wasseranteil in diesen Produkten erhöht werden kann.

Ebenfalls gern zum Einsatz kommen Antioxidantien und Farbstoffe, die Lebensmittel appetitlich und frisch aussehen lassen. Und Geschmacksverstärker und künstliche

FORMFLEISCH besteht aus kleinen Fleischstücken und -resten, die zu einem größeren Stück – etwa Kochschinken, Schnitzel oder Chicken-Nuggets – zusammengesetzt werden.

HEFEEXTRAKT hört sich natürlich an, hat keine E-Nummer und findet sich auch in manchem Bioprodukt. Weil es zu etwa sieben Prozent aus Glutamat besteht, wird es als Geschmacksverstärker eingesetzt, muss aber nicht als solcher gekennzeichnet werden.

NATÜRLICHES AROMA klingt authentischer, als es ist. Das Gesetz schreibt lediglich vor, dass der Ausgangsstoff natürlich sein muss. So wird Himbeeraroma oft aus Zedernholz gewonnen.

OHNE KONSERVIERUNGSSTOFFE
Dieser Hinweis steht auf mancher Packung, sehr klein findet sich der Zusatz „laut Gesetz" – der Hersteller tut also nichts, als die Vorschriften zu befolgen. Genauso gut könnte auf der Tüte auch „ohne Nikotin" stehen.

UMFRUCHTEN
nennt man den Kunstgriff, mit dem aus Äpfeln oder Cranberrys teure Himbeeren oder Kirschen werden. Gezuckert und mit Aromastoffen aufgepeppt, stecken Cranberries z. B. in Müslis oder Fruchtsnacks. Und für Formfrüchte werden Obststückchen und -mus zusammengefügt und aromatisiert, damit sie wie die Originalfrucht aussehen.

Aromen, die natürlichen Geschmack imitieren und so helfen, an teuren Originalzutaten zu sparen. Geschmacksverstärker, auf der Zutatenliste als Glutamat, Würze oder auch Hefeextrakt zu finden, haben noch einen weiteren Effekt: Sie kurbeln den Appetit an und machen mit der Zeit die Geschmacksnerven unempfindlicher. Kinder, die überwiegend mit Fertigprodukten ernährt werden, gewöhnen sich nicht selten so sehr an deren Geschmack, dass sie frisch gekochte Mahlzeiten überhaupt nicht mehr mögen.

Die Lösung: Zurück an den Herd!

„Will ich dieses Fertigprodukt wirklich essen? Ist es die Zeitersparnis wert, zu einem Lebensmittel zu greifen, über das ich keine Kontrolle habe? Diese Fragen sollte sich jeder stellen", sagt Katarina Schickling. Lautet die Antwort „Nein!", gibt es nur eins: wieder mehr selber kochen. Mit möglichst wenig industriellen Lebensmitteln und viel frischer Ware – und ohne gleich dogmatisch zu werden: „Wenn sich das eine oder andere Fertigprodukt mal als kleine Kochhilfe einschleicht, finde ich das nicht so schlimm", sagt Tim Mälzer und nennt als Beispiele gekörnte Brühe, Tiefkühlgemüse oder Fertigkroketten. „Danach hört es für mich aber schon auf."
Sein Essen selber zuzubereiten ist gesünder und gar nicht so kompliziert. „Es geht ja dabei nicht um hohe Kochkunst, sondern um Hausmannskost", sagt Katarina Schickling. „Zum Beispiel Kartoffelpüree: Warum ein Produkt aus der Tüte voller Zusatzstoffe essen, wenn ich doch genauso gut schnell Kartoffeln kochen und zerstampfen kann?"
Auch das Argument, Fertiggerichte seien nun mal billiger und für jeden erschwinglich, erweist sich bei genauem Hinsehen als falsch. Im Kochbuch „Von Markt & Metzger" (Dagmar von Cramm, Stiftung Warentest) wird vorgerechnet, dass es der Haushaltskasse durchaus gut tut, den Kochlöffel zu schwingen: Kartoffelbrei aus Pulver ist mit 5 Cent pro 100 Gramm genauso teuer wie Püree aus frischen Knollen, das viel besser schmeckt und selbst ungeübten Köchen gelingt. 100 Gramm Tiefkühlsalamipizza mit Mais kosten 39 Cent, selbst gemacht 24 Cent. Für 100 Gramm fertiges Hühnerfrikassee zahlt man 75 Cent, selbst gemacht sind es nur 13 Cent.
Doch auch wer selbst kocht, ist dadurch nicht automatisch auf der sicheren Seite. Immer wieder beunruhigen Lebensmittelskandale wie Dioxin in Futtermitteln oder Gammelfleisch Verbraucher. Mälzers pragmatischer Rat: „Wer sich darüber Gedanken macht, muss gegebenenfalls etwas tiefer in die Tasche greifen." Genau das tun die Deutschen immer öfter, der Umsatz von Biolebensmitteln steigt kontinuierlich: Im Jahr 2000 lag er bei 2,1 Milliarden Euro, 2010 bei 5,9 Milliarden.

Verzichten – und bewusst genießen

Doch nicht jeder kann es sich leisten, nur Bioprodukte zu kaufen. Da könne es eine Alternative sein, öfter mal zu verzichten, sagt Tim Mälzer. Was natürlich nicht heißt, man solle hungern. Vielmehr geht es darum, bewusster einzukaufen. Also etwa nicht jeden Tag billiges Fleisch essen, sondern lieber seltener hochwertiges Fleisch auf den Tisch bringen.
Vor allem aber sollte sich niemand als Opfer der Lebensmittelindustrie fühlen – sondern als selbstbewusster Konsument, der allein entscheiden kann, was er kauft – und was eben nicht. Tim Mälzer bringt das gewohnt lässig auf den Punkt: „Was juckt's die Eiche, wenn die Sau sich an ihr kratzt? All diese Zusatzstoffe haben in meinem Leben keinen Platz. Fertig."

6 %
OBST MUSS EIN
FRUCHTJOGHURT
ENTHALTEN – PRO
150-GRAMM-BECHER
1/2 ERDBEERE

„Es macht mir Spaß, gute Lebensmittel einzukaufen."

Ausgewogene Ernährung muss weder viel Zeit noch viel Geld kosten: Mit diesen abwechslungsreichen Rezepten werden vier hungrige Mäuler schon für rund 100 Euro eine ganze Woche lang satt

Risotto mit gebackener Süßkartoffel, Chili, Salbei und Parmesan

Für 4 Personen | Zubereitungszeit 45 Min. inkl. 20 Min. Backzeit für das Gemüse

2 große Süßkartoffeln
1 rote Chili
$\frac{1}{2}$ frische Knoblauchknolle
6 EL Olivenöl
1 Zwiebel
300 g Risottoreis
Salz, Pfeffer, Zucker
250 ml Weißwein
$\frac{3}{4}$ l Gemüsebrühe
1–2 EL Butter
$\frac{1}{2}$ Bund Salbei
100 g Parmesan, zur Hälfte gerieben und gehobelt (alternativ: 150 g frischer Ziegenkäse, entweder zum Schluss unterrühren oder darüberbröckeln)

1 Süßkartoffeln schälen und würfeln. Chili längs halbieren, entkernen, grob hacken. Knoblauchzehen voneinander trennen, 2 Zehen für das Risotto schälen und fein hacken, die restlichen Zehen ungeschält mit dem Messerrücken grob anquetschen, zusammen mit Süßkartoffelwürfeln, Chili und 4 EL Olivenöl in einer Schüssel vermengen. Mit reichlich Salz und Pfeffer würzen, auf ein Backblech geben und im vorgeheizten Ofen bei 200 °C (Umluft: 180 °C) auf mittlerer Schiene ca. 20 Minuten weich backen.

2 Für das Risotto die Gemüsebrühe in einem Topf erhitzen. Zwiebel schälen und fein würfeln. Restliches Öl in einem weiten Topf erhitzen, Zwiebel, Knoblauch und Reis darin glasig andünsten. 1-2 TL Zucker zugeben, unterrühren, kurz karamellisieren, dann mit Weißwein ablöschen und umrühren, bis der Wein verkocht ist. Dann kellenweise heiße Brühe zugeben und unter häufigem Rühren einkochen, bis die Brühe verbraucht und der Reis al dente gegart ist (dauert ca. 20 Minuten).

3 Den Topf vom Herd nehmen, das Risotto mit Salz und Pfeffer würzen, die Butter und den geriebenen Parmesan unterrühren und das Risotto zugedeckt 5 Minuten ziehen lassen. Den Salbei waschen, trocken schütteln und in Streifen schneiden, zusammen mit dem Gemüse vom Blech vorsichtig unterheben und das Risotto auf Teller verteilen. Mit gehobeltem Parmesan bestreuen bzw. den Ziegenkäse darüberbröckeln und servieren.

Ein Risotto wird besonders cremig, wenn man den Reis vor der Zubereitung nicht wäscht

Deutsche Hausmannskost, die richtig
satt macht: köstliche Semmelknödel

Semmelknödel in Champignon-Kräuterrahm

Für 4 Personen | Zubereitungszeit 45 Min.

10 altbackene Brötchen
1 Zwiebel
1 EL Öl
250 ml lauwarme Milch
1 Bund Petersilie
4 Eier
3–4 EL Paniermehl
Salz, Pfeffer, Muskat
Champignon-Kräuterrahm:
400 g braune und weiße Champignons (alternativ: frische Pfifferlinge)
1 Zwiebel
2 EL Öl
2 EL Butter
100 ml Weißwein
200 ml Sahne
200 g Crème fraîche
Schalenabrieb von 1 Biozitrone
Je ½ Bund Kerbel, Schnittlauch, Thymian
1 Bund Frühlingszwiebeln

1 Für die Knödel die Brötchen fein würfeln und in eine große Schüssel geben.

2 Zwiebel schälen, fein würfeln und in einer Pfanne im heißen Öl glasig dünsten. Die Milch angießen, kurz erwärmen und die Mischung über die Brötchen gießen. Gut vermengen und etwas stehen lassen.

3 Petersilie grob hacken. Zusammen mit den Eiern zur Brötchenmasse geben und verkneten, bis ein fester Kloßteig entstanden ist. Eventuell etwas Paniermehl zum Binden zugeben, falls die Masse zu weich und klebrig ist. Mit Salz, Pfeffer und Muskat kräftig würzen. Mit angefeuchteten Händen 12 Knödel formen. In einem großen Topf reichlich Salzwasser aufkochen, die Klöße hineingeben und zugedeckt sieden bzw. gar ziehen lassen (ca. 15 Minuten).

4 Die Champignons putzen und je nach Größe halbieren oder vierteln.

5 Zwiebel schälen und fein würfeln. Öl in einer großen beschichteten Pfanne erhitzen, Zwiebel kurz anschwitzen, dann die Pilze zugeben und bei großer Hitze anbraten, damit das austretende Wasser verdampft. Mit Salz und Pfeffer kräftig würzen, die Butter zugeben und Hitze reduzieren. Mit Wein ablöschen, Sahne und Crème fraîche einrühren.

6 Kräuter fein hacken, Frühlingszwiebeln putzen und in feine Ringe schneiden. Alles zusammen mit der Zitronenschale unter die Pilze rühren und abschmecken.

7 Klöße mit einer Schaumkelle aus dem Topf heben und zusammen mit den Pilzen servieren.

„In jeder Familie sollte es täglich eine gemeinsame Mahlzeit geben."

Linseneintopf

Für 4 Personen | Zubereitungszeit 45 Min. plus mehrere Stunden für das Einweichen der Linsen

200 g braune Tellerlinsen, über Nacht eingeweicht
125 g geräucherter Speck, gewürfelt
1 große Zwiebel, geschält und fein gewürfelt
Öl zum Dünsten nach Bedarf
1,5 l Gemüsebrühe
½ Sellerie, geschält und gewürfelt
4 Karotten, geschält, längs halbiert, in Scheiben geschnitten
1 große Stange Lauch, geputzt, längs halbiert, in Ringe geschnitten
1 Bund Liebstöckel, grob gehackt
Salz, Pfeffer, Zucker
2 EL Weißweinessig
1 Pk. frische Spätzle (Kühlregal)
4 Cabanossi oder Bockwürste, schräg in Stücke geschnitten
1 Bund glatte Petersilie, grob gehackt

1 Linsen in ein Sieb abgießen und abspülen.

2 Speck in einem weiten Topf auslassen, Zwiebel dazugeben, falls nötig auch etwas Öl, und die Zwiebel glasig dünsten. Linsen zufügen, Brühe angießen, 15 Minuten kochen lassen. Dann das vorbereitete Gemüse sowie den Liebstöckel zugeben und weitere 15 Minuten köcheln lassen, bis es gar ist. Mit Salz, Pfeffer, 1 Prise Zucker und dem Essig abschmecken.

3 Spätzle und Würstchen in den Eintopf geben und darin erwärmen. Zum Schluss die frische Petersilie unterheben und den Eintopf servieren.

„Mein Tipp für Familien: ein Speiseplan für die ganze Woche.“

Wer die Linsen nicht einweicht,
kocht sie 15–30 Minuten länger

Gemüse-Kokos-Wok mit Basmatireis

Für 4 Personen | Zubereitungszeit 30 Min.

200 g Basmatireis
1 daumengroßes Stück Ingwer, geschält, fein gewürfelt
1 Zwiebel, geschält, fein gewürfelt
2 Knoblauchzehen, geschält, fein gehackt
2 EL Öl
1 Aubergine, geputzt, längs halbiert und gewürfelt
½ Bund grüner Spargel, holzige Enden abgeschnitten, unteres Drittel geschält, gedrittelt
2 Karotten, geschält, längs halbiert, in Scheiben
1 rote Paprika, geputzt, in Streifen geschnitten
2 TL gelbe Currypaste
400 ml Kokosmilch
200 ml Hühner- oder Gemüsebrühe
1 Bund Frühlingszwiebeln, geputzt und schräg in Stücke geschnitten
1 Bund Koriandergrün, Blättchen abgezupft
Salz, Pfeffer
100 g frische Kokosnuss, gehobelt
Nach Belieben: 100 g Zuckerschoten, 1 Tütchen Safran (0,1 g)

1 Basmatireis nach Packungsanweisung zubereiten. Nach Belieben den Safran in etwas Wasser auflösen und vor dem Servieren unter den Reis mischen.

2 Öl in einem Wok oder weiten Topf erhitzen, Ingwer, Knoblauch und Zwiebel darin andünsten, restliches vorbereitetes Gemüse zugeben und anbraten. Currypaste zufügen, kurz mitrösten, dann mit Brühe und Kokosmilch ablöschen und 5 Minuten köcheln lassen, bis das Gemüse bissfest gegart ist. Frühlingszwiebeln, die Hälfte des Korianders und nach Belieben die Zuckerschoten 2 Minuten vor Ende der Garzeit zufügen.

3 Mit Salz und Pfeffer würzen, zusammen mit Reis auf Tellern anrichten und mit Kokosspänen und Koriandergrün bestreut servieren.

Curry, Kokos und Koriander geben diesem Gericht eine feine exotische Note

Fisch, der Klassiker am Freitag – hier statt mit der üblichen Panade mal mit Brotkruste

Seelachs unter einer Brot-Kräuter-Kruste mit Wirsinggemüse und neuen Kartoffeln

Für 4 Personen | Zubereitungszeit 90 Min.

4 Seelachsfilets à 200 g (alternativ: Schollenfilets)
5 EL Olivenöl
2 Knoblauchzehen, fein gehackt
½ Baguette, altbacken, grob zerbröselt
Je ½ Bund Petersilie, Dill, Schnittlauch, gehackt
1 Biozitrone, Saft und Schalenabrieb
Salz, Pfeffer
1 Ei
1 Zwiebel, geschält und gewürfelt
1 kleiner Wirsing, geputzt und in Streifen
200 ml Gemüsebrühe
4 EL Butter
Muskat
1 kg junge Kartoffeln (Drillinge)
Fleur de Sel

1 Kartoffeln gründlich waschen und mit Salzwasser bedeckt 30 Minuten gar kochen. Abgießen, etwas abkühlen lassen und pellen.

2 Fischfilets abspülen, trocken tupfen, salzen und pfeffern. In einer leicht geölten Auflaufform nebeneinanderlegen.

3 Für die Kruste 2 EL Öl in einer beschichteten Pfanne erhitzen und Knoblauch darin andünsten. Brot und Kräuter zugeben, mit etwas Zitronensaft, -schale, Salz und Pfeffer würzen. Abkühlen lassen und mit dem Ei vermengen. Über den Fischfilets verteilen und im vorgeheizten Ofen bei 180 °C (Umluft: 160 °C) auf mittlerer Schiene ca. 20 Minuten goldbraun überbacken.

4 In der Zwischenzeit 2 EL Öl in einem weiten Topf erhitzen, Zwiebel darin glasig dünsten, Wirsing zugeben und mit Brühe ablöschen. Zugedeckt 5 Minuten gar dünsten. 2 EL Butter, Salz, Pfeffer, Muskat zugeben und abschmecken.

5 1 EL Öl und 2 EL Butter in einer Pfanne erhitzen und die gepellten Kartoffeln darin rundherum goldbraun anbraten. Mit Fleur de Sel würzen.

6 Fisch mit Wirsing und Kartoffeln servieren.

„Fisch ist ein wunderbares Produkt: leicht und vielseitig zuzubereiten."

Das Huhn ist gar, wenn der austretende Bratensaft beim Einstich ins Fleisch klar ist

Zitronenhuhn mit Couscous

Für 4 Personen | Zubereitungszeit 75 Min.

1 Biohuhn
2 Biozitronen
1 Zwiebel, geschält und gewürfelt
6 Knoblauchzehen
3 EL Honig
4 EL Olivenöl
Salz, Pfeffer
2 große Fenchel
2 TL Anissamen
300 g Couscous
1 Stange Zimt
100 g Rosinen
Gemüsebrühe

1 Huhn mit Wasser abspülen, trocken tupfen, grobe Fettteile aus dem Inneren entfernen und von allen Seiten salzen und pfeffern.

2 Eine Zitrone würfeln, 3 Knoblauchzehen mit Schale anquetschen, zusammen mit der Zwiebel als Füllung in das Hühnchen stopfen und die Öffnung mit zwei Rouladennadeln verschließen.

3 Die zweite Zitrone auspressen, den Saft in eine kleine Schale füllen und mit Honig verrühren. Restliche Knoblauchzehen schälen, fein hacken und zur Zitronenmarinade geben.

4 Fenchel waschen, putzen, in 0,5 cm breite Scheiben schneiden.

5 Einen Bräter mit Olivenöl fetten, den Fenchel auf dem Boden verteilen. Salzen und pfeffern, Ansissamen darüberstreuen und mit Olivenöl beträufeln. Das gefüllte Huhn mittig daraufsetzen (Brust nach oben) und mit der Hälfte der Marinade bestreichen.

6 Im vorgeheizten Ofen bei 180 °C (Umluft: 160 °C) auf mittlerer Schiene ca. 40–50 Minuten garen. Zwischendurch immer wieder mit der Marinade oder dem ausgetretenen Bratensaft bestreichen, damit das Huhn eine schöne, goldbraun-glänzende und knusprige Kruste bekommt.

7 In der Zwischenzeit den Couscous in einer Schüssel mit Rosinen und Zimtstange mischen. Nach Packungsanleitung mit der angegebenen Menge kochender Brühe übergießen und quellen lassen. Mit einer Gabel auflockern und zum Zitronenhuhn servieren.

Droht das Gratin im Ofen zu braun zu werden, einfach mit etwas Alufolie abdecken

Schweinefilet mit Kartoffelgratin, grünen Bohnen und Speck

Für 4 Personen | Zubereitungszeit 60 Min.

Gratin:
500 g große, festkochende Kartoffeln
100 g geriebener Käse (Gruyère)
200 ml Sahne
100 ml Milch
Salz, Pfeffer
Muskat
Butter für die Form
Bohnen:
400 g Prinzessbohnen
125 g gewürfelter Speck
4 Stiele Bohnenkraut
1 EL Öl
1 EL Butter
Fleisch und Sauce:
4 Schweine- oder Rinderfilets à 150 g
4 Scheiben Serranoschinken
Thymian, Rosmarin, Knoblauch
4 EL Öl
200 ml Rotwein
200 ml Rinderfond
1 TL Speisestärke

1 Eine beschichtete Auflaufform mit Butter ausreiben. Kartoffeln schälen und in dünne Scheiben schneiden. In die Form einschichten, zwischendurch immer wieder salzen und Käse aufstreuen. Zum Schluss Sahne und Milch mischen, mit Salz, Pfeffer, Muskat würzen und über die Kartoffeln gießen (nicht bis zum Rand!). Im vorgeheizten Ofen bei 175 °C (Umluft: 155 °C) ca. 40 Minuten backen. 10 Minuten vor Ende der Garzeit den restlichen Käse darüberstreuen und schmelzen lassen.

2 Die Bohnen putzen und in kochendem Salzwasser bissfest garen, in ein Sieb abgießen. Speck in einer weiten Pfanne auslassen, Bohnenkraut, Öl und Butter dazugeben und die Bohnen darin schwenken. Mit Salz und Pfeffer würzen.

3 Die Schweinefilets waschen, trocken tupfen und jedes mit einer Scheibe Schinken umwickeln.

4 Öl in einer Pfanne erhitzen, Kräuter und Knoblauch dazugeben, die Filets darin rundherum anbraten. Herausnehmen, in Alufolie wickeln und zum Gratin in den Ofen geben, kurz nachgaren lassen. Den Bratensatz in der Pfanne mit Wein und Rinderfond ablöschen und 5 Minuten einkochen lassen. Dann die Stärke mit kaltem Wasser anrühren, die Sauce damit binden. Salzen und pfeffern.

5 Die Filets aus dem Ofen nehmen, schräg halbieren und zusammen mit Gratin, Bohnen und Bratensauce servieren.

Sieht nicht nur frisch aus, schmeckt auch so: Minze als Deko

Schnelle Joghurtmousse mit Rhabarber-Erdbeer-Kompott

Für 4 Personen | Zubereitungszeit 30 Min.

250 g Joghurt (3,5 % Fett)
250 g Crème fraîche
1 Limette, Saft und Schalenabrieb
180 g Zucker
1 kg Rhabarber
500 g Erdbeeren
250 ml Traubensaft oder Rotwein
1 Vanilleschote

1 Joghurt, Crème fraîche, 80 g Zucker, Limettensaft und -schale verrühren und kalt stellen.

2 Rhabarber schälen und in 3 cm dicke Stücke schneiden. Erdbeeren waschen, putzen, vierteln.

3 Restlichen Zucker in einem Topf karamellisieren, mit Traubensaft oder Wein ablöschen, den Rhabarber zugeben. Unter Rühren 5 Minuten köcheln lassen. Vanilleschote längs aufschneiden, das Mark herauskratzen und zusammen mit den Erdbeeren zum Kompott geben. Abkühlen lassen.

4 Joghurt und Kompott zusammen servieren.

Pottkieker: Tim

... und ...

... Nachwuchsköche

Kinder, schmeckt das lecker!

Sie wollen sehen, wie Ihre Kinder freiwillig Gemüse essen? Kein Problem! Einfach diese Rezepte ausprobieren und aus der Küche eine Erlebniswelt zum Anfassen machen

Kleine Leckermäuler Tim Mälzer liebt das Kochen mit dem Nachwuchs. „Mir ist aufgefallen, dass es Kindern immer schmeckt, wenn sie Essen selber zubereiten. Als Erwachsener sollte man sie einfach mal machen lassen."

„Beim Essen geht's nicht um Leistung."

Sich in die Herzen von Kindern zu kochen ist eigentlich nicht schwer: Nudeln und Pizza kommen fast immer gut an – genauso wie alles, was frittiert ist. Klingt ungesund? Muss es aber gar nicht sein: Denn wer selbst kocht, kann jedes Gericht mit ausgewogenen Zutaten zubereiten. Und wenn man die Kinder mitmachen lässt, werden sie sogar Gemüse mögen, sagt Tim Mälzer: „Beim Thema Ernährung glaube ich an den spielerischen Umgang. Man muss Kindern nicht unbedingt erklären, wie viel Vitamin C eine rote Paprika hat oder wie man sie in perfekte Würfel schneidet. Viel wichtiger ist doch, dass man sie die Paprika in die Hand nehmen und überhaupt mal schneiden lässt." Wie schnell dann das Interesse wächst, weiß der Koch aus eigener Erfahrung.

Als Tim junior kochen lernte

Er erinnert sich: „Ich durfte als Kind zum Beispiel Nudeln an die Wand werfen, um zu sehen, ob sie fertig waren. Und gekochte Taschenkrebse habe ich mit einem Hammer geknackt. Als Sechsjähriger fand ich das großartig, damit hat mir meine Mutter ein bisschen die Tür zur Welt des Kochens geöffnet – ohne dass mich solche Aktionen zum Tierquäler gemacht hätten." Dass die Küche hinterher entsprechend aussah, nahm Mama Mälzer in Kauf. Denn beim Essen und Trinken, findet Tim, geht es nicht nur um die bloße Aufnahme von Nahrung, sondern um ein kreatives Miteinander.

Entdeckungsreise in der Küche

Da kann das Öffnen einer Konserve nicht mithalten – es bietet weder ein gemeinsames Erlebnis, noch ist der Inhalt ein wirklicher Genuss. Darum sollten Fertiggerichte für Kinder die Ausnahme sein: „Eltern übernehmen die Verantwortung für die Entwicklung eines kleinen Menschen", so der TV-Koch, „und diese Entwicklung ist maßgeblich abhängig von der Ernährung." Unser Beitrag dazu: Rezepte, die Spaß machen und allen schmecken!

Das Auge isst mit: Auch Kinder freuen sich über eine ansprechende Tischdeko

Pfannkuchentaschen – herzhaft oder süß

Der Grundteig ist für beide Varianten gleich – er wird nach Belieben entweder mit Bergkäse und Salat oder mit Blaubeeren und Zucker verfeinert – Rezept auf der nächsten Seite

Pfannkuchentaschen mit Käse oder Blaubeeren

Für 4 Personen | Zubereitungszeit 35 Min., inkl. 30 Min. Ruhezeit, plus je 5 Min. Backzeit

4 Eier
400 ml Milch
250 g Mehl
1 TL Backpulver
1 TL Salz
1 TL Zucker
100 ml Mineralwasser
Öl zum Backen
Salzig:
200 g geriebener Bergkäse
Süß:
200 g frische Blaubeeren
Puderzucker (alternativ: Apfelmus, Zimtzucker)

1 Für den Pfannkuchenteig Eier und Milch verquirlen. Mehl und Backpulver mischen, unterrühren. Salz und Zucker zugeben und den Teig 30 Minuten quellen lassen. Dann 100 ml Mineralwasser unterrühren, sodass der Teig eine dickflüssige Konsistenz hat.

2 Jeweils 1 EL Öl in einer beschichteten Pfanne erhitzen, eine Kelle Teig hineingeben und von beiden Seiten 2–3 Minuten goldbraun ausbacken.

3 Für die herzhaften Pfannkuchen nach dem Wenden eine Handvoll Käse auf den Pfannkuchen streuen und wie eine Tasche zusammenklappen. Von beiden Seiten 1 Minute backen, damit der Käse schmilzt.

Dazu passt frischer Feldsalat mit Joghurt-Sahne-Dressing.

4 Für die süße Variante eine Handvoll frische Blaubeeren in die Pfanne geben und den Teig darübergießen. Backen wie oben beschrieben, vor dem Servieren mit Puderzucker bestäuben. Falls es keine Blaubeeren gibt, können die Pfannkuchen auch klassisch mit Apfelmus und Zimtzucker serviert werden.

Pizzabrote

Für 4 Personen | Zubereitungszeit 15 Min. plus 10–15 Min. Backzeit

4 Toasties (= 8 Hälften)
150 g Tomatenmark
1 EL Ketchup
2 TL getrockneter Oregano
Salz, Pfeffer
Gemüse nach Belieben: Mais (Dose), Paprika, Zwiebeln, Tomaten, Champignons – geputzt und klein geschnitten
1 Dose Thunfisch, abgetropft
50 g Kochschinken, in Streifen
50 g Salami
50 g geriebener Käse
1 Kugel Mozzarella, in Scheiben
1 Bund Basilikum

1 Die Toasties halbieren, im Toaster rösten, auf ein mit Backpapier ausgelegtes Backblech legen. Den Ofen auf 200 °C vorheizen (Umluft: 180 °C).

2 Tomatenmark mit Ketchup und Oregano verrühren, mit Salz und Pfeffer würzen. Mit je 1 TL dieser Mischung jede Toastiehälfte bestreichen. Die Pizzen dann nach Belieben mit Gemüse, Thunfisch, Salami oder Schinken und Käse belegen.

3 Auf mittlerer Schiene ca. 10–15 Minuten überbacken.

4 Basilikum waschen, trocken schütteln, Blättchen abzupfen und in Streifen schneiden. Vor dem Servieren über die Pizzen streuen.

Jedes Kind kann aus den vorbereiteten Zutaten seine eigene Pizza machen.

Pizzabrote

Wer mehrere Kinder hat, kennt das: Der eine mag keinen Mais, der andere keine Pilze. Mit dieser individuellen Lösung werden alle glücklich – jeder kann probieren, was er will

Süße Quarkbrötchen-Tiere

Perfekt fürs Frühstück oder die süße Kleinigkeit am Nachmittag. Aus dem Teig kann jeder sein Lieblingstier formen – Rezept auf Seite 157

Nudelnester mit Schinken und Salat

Eine Mischung aus Eiern, Sahne, Ricotta und Kräutern macht der klassischen Tomatensauce Konkurrenz – Rezept auf Seite 157

Gemüsetopf mit Hackfleischbällchen

Ob Paprika putzen, Zucchini schneiden oder Hackbällchen formen: Zu diesem Gericht kann jedes Kind etwas beitragen

Süße Quarkbrötchen-Tiere

Für 4 Personen | Zubereitungszeit 30 Min. plus 20 Min. Backzeit

500 g Weizenmehl Type 550
1 Pk. Backpulver
½ TL Salz
100 g Zucker
250 g Magerquark
100 ml Milch
100 ml neutrales Öl
Rosinen oder Schokodrops, Nüsse (nach Belieben auch für den Teig, sonst zum Dekorieren)
1 Eigelb und 4 EL Milch zum Bestreichen

1 Mehl in einer Schüssel mit Backpulver, Salz und Zucker mischen. Quark, Milch und Öl zufügen und mit den Knethaken des Handmixers zu einem glatten Teig verkneten. Dann nach Belieben Rosinen, Schokodrops, Nüsse o. Ä. unterkneten.

2 Den Teig in 12 Portionen teilen und zu runden Brötchen oder beliebigen Tieren formen, mit Rosinenaugen verzieren.

3 Mit etwas Abstand zueinander auf ein mit Backpapier ausgelegtes Backblech legen. Eigelb und Milch in einer kleinen Schüssel oder Tasse verquirlen und die Brötchen dünn damit bepinseln.

4 Im vorgeheizten Ofen bei 200 °C (Umluft: 180 °C) auf mittlerer Schiene ca. 20 Minuten backen.

5 Auf ein Kuchengitter geben und abkühlen lassen.

Schmecken am besten frisch und noch lauwarm mit guter Butter und Marmelade!

Echte Handarbeit!

Greift zu! Können Kinder schon mit Küchenmessern umgehen? „Ja", sagt Mälzer, „zur Not gibt's Pflaster." Und für Kartoffeln den Sparschäler

Nudelnester mit Schinken und Salat

Für 4 Personen | Zubereitungszeit 15 Min. plus 20 Min. Backzeit

300 g Spaghetti
Salz
2 EL Olivenöl
4 Eier
150 ml Sahne
250 g Ricotta
Je ½ Bund Basilikum, Petersilie, Schnittlauch, grob gehackt
Pfeffer, Muskat
100 g Kochschinken
50 g geriebener Käse (Emmentaler)

1 Die Spaghetti in Salzwasser knapp gar kochen, durch ein Sieb abgießen, mit dem Öl mischen und abkühlen lassen.

2 Eier, Sahne und Ricotta verquirlen. Kräuter unterrühren, mit Salz, Pfeffer und Muskat kräftig abschmecken.

3 Kochschinken in Streifen schneiden, alles mit den Nudeln mischen, portionsweise mit einer Gabel aufwickeln und in leicht gefettete Muffinförmchen füllen. Den geriebenen Käse darüber verteilen und die Nudelnester 20 Minuten im vorgeheizten Ofen bei 200 °C (Umluft: 180 °C) auf mittlerer Schiene goldbraun backen.

Dazu passt ein frischer grüner Salat.

Gemüsetopf mit Hackfleischbällchen und Klacks

Für 4 Personen | Zubereitungszeit 40 Min.

1 Dose Mais (300 g)
2 große Zwiebeln, geschält, halbiert, in Ringe geschnitten
2 Knoblauchzehen, geschält, fein gehackt
2 Zucchini, geputzt, längs halbiert, in Scheiben
1 gelbe Paprika, geputzt, halbiert, geviertelt, quer in kurze Streifen geschnitten
4 EL Öl
2 EL Tomatenmark
2 EL Aceto Balsamico
1 große Dose Tomaten (480 g)
250 ml Gemüsebrühe
2 Stiele Thymian
Salz, Pfeffer
1 EL getrockneter Oregano
Hackfleischbällchen:
500 g Hackfleisch
1 EL Senf
1 EL Ketchup
1 EL getrockneter Oregano
Klacks:
Je 4 Stiele Petersilie, Basilikum
100 g Schmand

1 Mais in ein Sieb schütten, etwas abspülen und abtropfen lassen.

2 Öl in einem weiten Topf erhitzen, Gemüse darin unter Wenden anbraten, Tomatenmark zugeben, kurz mitrösten lassen, dann mit Balsamico ablöschen. Dosentomaten, Brühe und Thymian zugeben. Zugedeckt bei mittlerer Hitze 5 Minuten köcheln lassen.

3 Für die Hackbällchen das Hackfleisch mit Senf, Ketchup, Salz, Pfeffer und Oregano würzen. Zu kleinen Bällchen formen und in den Eintopf geben, 5 Minuten gar ziehen lassen. Den Eintopf mit Salz, Pfeffer und Oregano würzen.

4 Kräuter waschen, trocknen und grob hacken, mit dem Schmand verrühren.

5 Hack-Gemüsetopf in Teller füllen und mit einem Klacks Schmand servieren.

Dazu passt Baguette.

Probierzeit: Ilse Aigner ...

... füttert Tim Mälzer

Kochen macht Schule

Eine ausgewogene Ernährung ist gerade für Kinder wichtig, doch nicht alle lernen zu Hause, was das bedeutet. Darum unterstützt Tim Mälzer gemeinsam mit u. a. Bundesministerin Ilse Aigner die Aktion „Küchen für Deutschlands Schulen", bei der man sich um die Einrichtung einer Übungsküche bewerben kann. „Dort soll es nicht um Leistung und Benotung gehen", so Mälzer, „sondern darum, die Küche mit Leben zu füllen." www.tim-maelzer.info/schulkuechen

Küchen für Deutschlands Schulen

Knusper-Nuggets mit Ofengemüse, Remoulade und Curry-Ketchup

Für 4 Personen | Zubereitungszeit 60 Min. inkl. 25-30 Min. Backzeit

Nuggets:
2 Seelachsfilets à 150 g
2 Hühnerbrustfilets
2 Eier
100 g Mehl
100 g Cornflakes
Salz, Pfeffer
500 ml Pflanzenöl zum Frittieren

Ofengemüse:
4 große Kartoffeln, gewaschen und in Spalten geschnitten
2 große Karotten, geschält, längs halbiert und schräg in Stücke geschnitten
½ Sellerie, geschält und in breite Stifte geschnitten
1 Zucchini, gewaschen, geputzt, längs halbiert und schräg in breite Streifen geschnitten
1 rote Paprika, gewaschen, entkernt, grob geschnitten
Je 4 Stiele Rosmarin und Thymian
6 Knoblauchzehen
4 EL Olivenöl

Remoulade:
100 g Mayonnaise
50 g Joghurt
1 TL Senf
2 Gewürzgurken, fein gewürfelt
1 rote Zwiebel, geschält und fein gewürfelt
Je ½ Bund Petersilie, Dill, Schnittlauch, fein gehackt
Saft und Schalenabrieb von 1 Biozitrone
Salz, Pfeffer, Zucker

Curry-Ketchup:
100 ml Tomatenpassata
50 ml Ketchup
2 TL Currypulver
½ TL Salz

1 Für das Ofengemüse alle vorbereiteten Gemüsesorten auf ein leicht geöltes Backblech geben. Die Kräuter grob zupfen, Knoblauchzehen mit Schale anquetschen und dazulegen. Mit Salz und Pfeffer würzen und mit Olivenöl beträufeln. Im vorgeheizten Ofen bei 200 °C (Umluft: 180 °C) auf mittlerer Schiene unter gelegentlichem Wenden 25-30 Minuten garen.

2 Für die Nuggets den Fisch kalt abspülen, gründlich trocken tupfen und quer in 3 cm breite Streifen schneiden.

3 Das Fleisch ebenfalls waschen, trocken tupfen und in grobe Würfel teilen. Beides mit Salz und Pfeffer würzen.

4 Eier in einem tiefen Teller verquirlen, Mehl in einen anderen tiefen Teller geben, die Cornflakes etwas zerbröseln und in einen dritten Teller füllen.

5 Das Fett in einem Topf erhitzen. Fisch und Fleischstücke erst im Mehl wälzen, dann durch das Ei ziehen und zum Schluss in den Cornflakes wenden. Die panierten Stücke portionsweise im heißen Fett rundherum goldbraun ausbacken, mit einer Schaumkelle herausheben und auf Küchenpapier abtropfen lassen. Zum Warmhalten und Nachgaren zum Gemüse auf das Blech in den Ofen geben.

6 Für die Remoulade Mayonnaise, Joghurt und Senf verrühren. Die gewürfelten Gewürzgurken, Zwiebel, Kräuter und Zitronenschale zufügen. Mit Salz, Pfeffer, etwas Zitronensaft und einer Prise Zucker abschmecken.

7 Für den Curry-Ketchup Passata mit Ketchup, Currypulver und Salz verrühren.

8 Ofengemüse und Nuggets mit Remoulade und Ketchup servieren.

FOTO: DPA-PICTURE ALLIANCE (6), DDP, ULLSTEIN-BILD

Knusper-Nuggets mit Ofengemüse

Da kann keine Fast-Food-Bude mithalten: Fisch und Hähnchen in einem Mantel aus knusprigen Cornflakes

Alle Rezepte

A

B

C

D

E

F

G

auf einen Blick

DARF'S NOCH ETWAS MEHR SEIN?

Vielen Dank!

Thorsten Mohr als Testesser

UNSERE EXPERTEN VON DER ARD: Tom Ockers, Andreas Knuffmann und Katarina Schickling haben die Dokumentationen „Deutschland isst ... mit Tim Mälzer" umgesetzt

Autor Tom Ockers

Jochen Stüber

Michael Seigfried und Meike Stüber

Fotolocation „Die Bullerei"

Autor Andreas Knuffmann

Adam Koor und Björn Kramer

Melanie Schirmann

Autorin Katarina Schickling

IMPRESSUM

VERLEGER Axel Springer (1985 †)
Das Magazin HÖRZU KOCHEN erscheint in der Axel Springer AG

CHEFREDAKTEUR
Christian Hellmann (V.i.S.d.P.)

STELLV. CHEFREDAKTEURIN
Julia Brinckman

ART DIRECTOR
Björn Kramer

FOTOCHEF
Michael Seigfried

REDAKTION / AUTOREN
Melanie Schirmann (Ltg.), Susanne Kohl, Bianca Luta, Jost Schocke

GRAFIK
Thorsten Mohr (Ltg.), Nicole König, Kerstin Palan

CHEF VOM DIENST
Olaf Hillenkamp

REZEPTENTWICKLUNG / FOODSTYLING
Adam Koor, Julia Luck, Sarah Trenkle

STYLING / KOORDINATION
Meike Stüber (www.meikestueber.de)

FOOD-FOTOGRAFEN
Peter Garten (www.petergarten.de), Jochen Stüber (www.objektfotografie-stueber.de), Tanja Barthels (Assistenz), Yvonne Huber (Assistenz)

FOTOSHOOTING TIM MÄLZER
Fotograf: Philipp Rathmer (www.philipprathmer.de), Haare & Make-up: Maja Botic, Digital Operator: Christoph Höhmann@curveriders, Michael Schultz (Assistenz)

REPORTAGE-FOTOGRAF
Gunnar Nicolaus (www.g-nic.de)

REDAKTIONSANSCHRIFT
Brieffach 4110, 20350 Hamburg

KONZEPT & REALISATION
Moving Media Consult GmbH
Christian Hellmann, Dorothée Lackner
Postfach 501045, 22710 Hamburg

HERSTELLUNG Thomas Künne, Andy Dreyer

DIGITALE VORSTUFE CLX Europe, Hamburg

DRUCK Konradin Druck GmbH, Kohlhammerstraße 1-15, 70771 Leinfelden-Echterdingen

VERLAG Axel Springer AG, Axel-Springer-Platz 1, 20350 Hamburg, Telefon: 040/347-00, Fax: 040/347-296 29

VERLAGSGESCHÄFTSFÜHRER
Jochen Beckmann

KAUFMÄNNISCHE LEITUNG
Stefan Schweser

GENERAL MANAGER MARKETING
Arne Bergmann

GESAMTANZEIGENLEITER UND VERANTWORTLICH FÜR DEN ANZEIGENTEIL Matthias Franzen (V.i.S.d.P.)

GESCHÄFTSFÜHRUNG VERTRIEB
Torsten Brandt (Verlagsgeschäftsführer), Michael Fischer (Stellv.)

VERTRIEBSLEITER Andreas Klinkmann

HÖRZU KOCHEN kostet im Einzelhandel 9,90 Euro (inkl. 7 % MwSt.) und wird als Magazin vertrieben. Alle Rechte vorbehalten. Vertrieb im Buchhandel über CORA Verlag GmbH & Co. KG, Hamburg, ISBN 978-3-89941-999-3.

NACHBESTELLSERVICE telefonisch unter 040/55 98 96 48 oder online unter www.hoerzu-kochen.de

Das Papier von **HÖRZU KOCHEN** ist umweltfreundlich recycelbar. Hergestellt unter ausschließlicher Verwendung von absolut chlorfrei gebleichtem Zellstoff.

Für unverlangt eingesandte Manuskripte wird keine Haftung übernommen. Eine Haftung für die Richtigkeit der Veröffentlichungen kann trotz sorgfältiger Prüfung durch die Redaktion vom Verlag nicht übernommen werden.

BEZUGSQUELLEN
Santokumesser, Brotmesser: www.kai-europe.com

Tomatenmesser, Filiermesser, Schälmesser, Küchenmesser, Ausbeinmesser: www.wuesthof.de

Parmesanmesser, Vielzweckmesser, Gemüsemesser: www.windmuehlenmesser.de

Schinkenmesser, Kräutermesser, Kochmesser, Wetzstahl: www.guede-solingen.de (alle Messer: Seite 86/87)

FOTOS: GEORG TEDESCHI, PETER GARTEN, JOCHEN STÜBER, TANJA BARTHELS, BJÖRN KRAMER, NDR, MARC LORAT, PRIVAT